Heimatkunde

Alles über Sachsen-Anhalt

Text: Heiko Kreft
Grafik: Jens-Uwe Grau

HINSTORFF

Inhalt

Archäologie

Mit Spitzhacken, Pinseln und Pinzetten bewaffnet graben sich Archäologen quer durch Sachsen-Anhalt. In den letzten Jahren gelangen ihnen immer wieder äußerst spektakuläre Funde.

1 **In bis zu 100 Ausgrabungsstätten wird pro Jahr im Land gearbeitet.**

Ausschlaggebend für eine Grabung sind meist zwei Gründe: Entweder soll eine wissenschaftliche Theorie mit konkreten Funden bewiesen werden oder es sind wertvolle Kulturgüter vor anrückenden Baggern zu retten. Bei den „Notsicherungen" müssen Archäologen schnell handeln – sonst gehen wichtige Altertümer unwiederbringlich verloren.

2 **Sachsen-Anhalts Archäologen gehen immer öfter in die Luft.**

Gebietserkundungen per Flugzeug sind ein wichtiges Mittel moderner Archäologie, denn häufig lassen sich nur aus der Luft Reste früherer Besiedlungen erkennen. So wurde beispielsweise in Altbrandsleben eine Grabanlage mit einem Durchmesser von 440 Metern entdeckt. Sie stammt aus der jungsteinzeitlichen Trichterbecherkultur.

Bei Merseburg fanden sich Hinweise auf Sachsen-Anhalts Ureinwohner.

 Um Götter zu bestechen, wurden wahrscheinlich Menschen geopfert.

Die ersten Menschen, die sich nachweislich in der Region aufhielten, gehörten der Gattung des „Homo erectus" an. Sie lebten vor rund 400.000 Jahren und gelten unter Forschern als sozio-kulturelle Wesen, die schon abstrakt denken konnten und über eine ausgebildete Sprache verfügten. Südwestlich von Merseburg hinterließen sie Spuren, die Archäologen vor wenigen Jahren aufstöberten. Im ehemaligen Tagebau Neumark-Nord stießen diese unter anderem auf 120 Feuersteinartefakte. Anhand der Art der Bearbeitung und der Beschaffenheit der steinernen Werkzeuge bestimmten die Wissenschaftler das Alter und waren sich dann sicher: Die Ureinwohner des Landes stammen aus der gleichen Epoche wie die besonders gut erforschten Funde im thüringischen Bilzingsleben.

Unter Archäologen und Historikern ist das Szenarium immer noch stark umstritten, doch einige Experten sind fest davon überzeugt: In der Bronzezeit wurden im heutigen Sachsen-Anhalt blutige Menschenopfer-Rituale durchgeführt. Als entsprechende Indizien gelten Knochenfunde mit verdächtigen Beschädigungen. So wurden bei Ausgrabungen in Eilsleben neben Resten geopferter Tiere menschliche Skelettreste und Tonfiguren gefunden. Auch im thüringischen Bad Frankenhausen, gleich hinter der Landesgrenze Sachsen-Anhalts, barg man in drei Höhlen des Kyffhäusers Skelettreste von mehr als 100 offensichtlich geopferten Menschen. Dort kam noch ein besonders unangenehmer Gruselfaktor hinzu: Das Ritual hatte offenbar kannibalistische Züge.

5. Das Sonnenobservatorium von Goseck ist rund 7.000 Jahre alt.

Die kreisförmige Anlage mit einem Durchmesser von 75 Metern entdeckte man bei einem archäologischen Erkundungsflug im Jahr 1991. Zwischen 2002 und 2004 wurde sie ausgegraben, vermessen und dokumentiert. Als die Wissenschaftler drei gut erhaltene Tore fanden, die exakt nach Norden, Südosten und Südwesten ausgerichtet sind, zeigte sich schnell der ganz besondere Wert der Anordnung: Sie ist das weltweit älteste astronomische Observatorium und vergleichbar mit dem Steinkreis von Stonehenge in Großbritannien. Allerdings wurde sie nicht – wie das englische Pendant – aus Stein errichtet, sondern aus Holz. Außer den Fundamenten überdauerte deshalb fast nichts die Jahrtausende. Mit Hilfe der Anlage konnten die Steinzeitmenschen einst exakt die Zeitpunkte der Sommer- und Wintersonnenwende bestimmen. Für die Landwirtschaft sind das äußerst wichtige Termine. Der Bau von Goseck war aber nicht nur Sternwarte, sondern auch Markt-, Richt- und Bestattungsplatz. Heute ist er nach wissenschaftlichen Kriterien und unter Verwendung von 2.300 Eichenholzstämmen rekonstruiert.

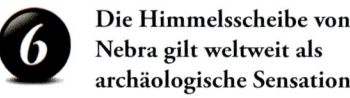

6. Die Himmelsscheibe von Nebra gilt weltweit als archäologische Sensation.

Grund: Sie ist die älteste bekannte konkrete Darstellung astronomischer Zusammenhänge. Sonne und Mond werden nicht nur in ihrem Himmelslauf abgebildet, sondern auch mythologisch gedeutet. Gefunden wurde die rund 3.600 Jahre alte Scheibe nicht durch Archäologen, sondern von illegalen Schatzsuchern. Mit eigentlich verbotenen Sonden stöberten sie im Sommer 1999 auf dem Mittelberg einen Bronzeschatz auf, zu dem auch die Scheibe gehört. Statt den Fund ordnungsgemäß abzuliefern, verkauften sie ihn. Später tauchten Teile bei verschiedenen Hehlern und Händlern auf. Im Februar 2002 beschlagnahmte die Schweizer Polizei die Himmelsscheibe in Basel und gab sie dem Land Sachsen-Anhalt zurück.

7 Archäologen bewiesen: Martin Luther war ein kleiner Lügner.

Zeitlebens behauptete der Kirchenreformator Martin Luther (1483–1546): „Ich komme aus einem ärmlichen Elternhaus!" Das stimmt nicht! 2003 überführten ihn Archäologen aus Sachsen-Anhalt der Flunkerei. Bei Ausgrabungen in Luthers Mansfelder Elternhaus stießen sie auf den Hausmüll der Familie und brachten überraschend viele Artefakte ans Licht. Hunderte geborgene Gegenstände ließen für die Wissenschaftler nur einen Schluss zu: Luthers Eltern waren nicht arm, sondern führten einen vergleichsweise vermögenden Haushalt. Als Beleg gelten zum Beispiel Küchenreste. Demnach standen auf dem Essensplan der Luthers relativ häufig Spanferkel und Singvögel – Speisen, die sich damals nicht jedermann leisten konnte. Auch die hohe

Anzahl der Knochen, offenbar Folge eines überproportionalen Fleischkonsums, machte die Archäologen stutzig – genau wie die Ausmaße des Lutherschen Anwesens. Die Familie bewohnte kein bescheidenes Einzelhaus, sondern ein stattliches Gehöft mit Wohngebäuden, Stallungen und Lagerhäusern. Die Erde barg noch viele andere kostbare Dinge, etwa Spielzeug, wertvolle Kleidungs- und Stoffreste sowie 260 Silbermünzen mit einem beträchtlichen Wert. Glasscherben, Messer und Tafeldekorationen zeigten außerdem, dass die Familie eine repräsentative Empfangskultur pflegte. Alle Indizien zusammengezählt, ist klar: Die Luthers gehörten eindeutig zur ländlichen Oberschicht. Die Flunkerei über die eigene Herkunft schmälert für die meisten Historiker aber nicht des Reformators herausragende Bedeutung. Selbst wenn einige sogar daran zweifeln, dass er die 95 Thesen tatsächlich an die Wittenberger Pforte nagelte.

Blaublüter

Obwohl mit der Novemberrevolution 1918 die Adelsherrschaft endete, amtieren heute in Sachsen-Anhalt mindestens 20 Hoheiten. Zum Beispiel als Kartoffel-, Bier- oder Nudelkönigin.

 Ballenstedt ist die Wiege des anhaltischen Geschlechts der Askanier.

In der kleinen Gemeinde am Rande des Ostharzes befand sich einst die Stammburg des Geschlechtes der Askanier, deren Familienname sich von der latinisierten Form des Ortsnamens „Aschersleben" ableitet. Als Stammvater gilt Esico von Ballenstedt, der um das Jahr 1000 lebte. Im Stammbaum der Askanier finden sich viele Berühmtheiten. Zum Beispiel Albrecht der Bär (1100–1170), der Gründer Berlins,

und der tragikomische Unglücksrabe Otto IV. (um 1238–1308) mit dem Pfeil. Letzterer lebte lange mit einem Pfeil im Kopf. Die Kriegsverletzung hatte er sich in einer Schlacht bei Staßfurt zugezogen. In den Familiengesetzen der Askanier liegt die jahrhundertelange territoriale Zersplitterung des heutigen Landes Sachsen-Anhalt begründet. Weil das familiäre Erbrecht – im Unterschied zu den meisten anderen Dynastien – keinen Übergang des Landes auf den ältesten Sohn vorsah, wurde zwischen allen geteilt. Das führte zu vielen Familienzweigen und Ministaaten.

Leopold I. von Anhalt-Dessau präsentierte sich als ziemlicher Dickschädel.

Für die Geschichte seines Landes war Fürst Leopold I. von Anhalt-Dessau (1676–1747), genannt „Der Alte Dessauer", ein echter Glücksfall. Durch sein umfassendes Engagement in der preußischen Armee sicherte er seinem Ministaat nicht nur das Überleben, sondern machte ihn zu einem wichtigen Verbündeten des mächtigen Nachbarlandes. 25 Jahre diente Leopold in Preußens Armee und nahm mit ihr erfolgreich an fast allen großen Kriegen und Schlachten seiner Zeit teil. Als einer der Chefausbilder formte er sie zur schlagkräftigsten Truppe Europas. So erfand der Dessauer zum Beispiel den Gleichschritt und den eisernen Ladestock. Privat zeigte sich Leopold ebenfalls als äußerst durchset-

zungsstark. Gegen den erklärten Willen seiner Mutter und sämtliche Standesregeln seiner Epoche heiratete er 1698 die bürgerliche Apothekerstochter Anna Louise Föhse. Damit verstieß Leopold nicht nur gegen die „guten Sitten", sondern setzte zugleich den Bestand seines Fürstentums aufs Spiel. Weil aus der nichtstandesgemäßen Ehe keine erbfähigen Kinder hervorgehen konnten, beschritt der verliebte Fürst einen unorthodoxen Weg. Für eine beträchtliche Summe kaufte er der Angebeteten beim Kaiser den Titel einer Reichsgräfin. Damit war die Welt wieder in Ordnung: Anna und die gemeinsamen Kinder waren nun ebenbürtig und erbfähig. An Nachwuchs mangelte es dann auch nicht. Insgesamt zehn gemeinsame Kinder erblickten das Licht der Welt und das Verhältnis zur Schwiegermama renkte sich auch schnell wieder ein.

9

3 Leopold III. von Anhalt-Dessau war bei Steuerzahlern beliebt.

 4 Die russische Zarin Katharina die Große kam aus Sachsen-Anhalt.

Bekannt ist Leopold III. Friedrich Franz, Fürst und Herzog von Anhalt-Dessau (1740–1817), vor allem durch die Anlage des Dessau-Wörlitzer Gartenreichs. Doch seinen liebevollen Beinamen „Vater Franz" verdiente sich Hoheit nicht nur durch Gartenarbeit. Leopolds untertanenfreundliche Finanzpolitik mag einiges dazu beigetragen haben. So hielt er sein kleines Land aus dem

Siebenjährigen Krieg heraus, indem er Zahlungen an Preußen leistete. Der gute Haken an der Sache: Das Geld entnahm Leopold nicht der Staatskasse, sondern seiner Privatschatulle. Überhaupt schonte der liberale Regent die Portemonnaies seiner Bürger. Er schaffte die Kriegssteuer ab und zahlte in Jahren mit Staatsüberschuss – die soll es wirklich gegeben haben – allen Einwohnern Steuern zurück.

Die russische Zarin Katharina II. (1729–1796), genannt die Große, wurde als Prinzessin Sophie Auguste Friederike von Anhalt-Zerbst-Dornburg geboren. Mit 15 Jahren heiratete sie den russischen Thronfolger, den späteren Zaren Peter III. (1728–1762). Bald stellte sich heraus, dass ihr Mann keine große Leuchte war. Weder kam er in der Hochzeitsnacht seinen ehelichen Pflichten nach (Grund: zu viel Alkohol), noch schien er sich übermäßig fürs Regieren zu interessieren. Stattdessen spielte er lieber mit Zinnsoldaten. Wurde der leicht debile Peter politisch aktiv, ging er meist gegen das konservative Establishment vor. Schließlich zettelte Katharina einen Staatsstreich gegen ihn an, in dessen Verlauf er ermordet wurde. Prompt setzte sich Katharina selbst die Zarenkrone aufs Haupt. Als Zarin holte sie viele Deutsche ins Land, erweiterte die außenpolitische Macht Russlands und stieß innenpolitische Reform an. Zudem vergnügte sie sich im Laufe der Regentschaft mit 20 Liebhabern.

5 Eine Zerbster Fürstenwitwe brachte ihre Schwiegertochter um.

Ganz offensichtlich war die Zerbster Fürstin Johanna Elisabeth von Schleswig-Holstein-Gottorf (1712–1760) mit der Frauenauswahl ihres Sohnes unzufrieden. Zumindest trachtete sie ihrer Schwiegertochter Karoline Wilhelmine Sophie von Hessen-Kassel (1732–1759) erfolgreich nach dem Leben. Aus Paris schickte die zornige alte Frau ein bösartiges Geburtstagsgeschenk nach Zerbst: ein rosafarbenes Brokatkleid mit silbernen Tressen. Gemein war aber nicht die Farbwahl, sondern der Umstand, dass es vergiftet war. Obwohl Karoline gewarnt wurde, zog sie es zu ihrer Geburtstagsparty an. Wer nicht hören will, muss sterben: Die Prinzessin brach beim Tanz schweißgebadet zusammen und hauchte zwölf Tage später ihr Leben aus. Schwiegermama wohnte übrigens nicht grundlos in Paris. Wegen Hochverrats war sie verbannt worden. Rausgeschmissen wurde Johanna Elisabeth zuvor schon einmal: aus Russland von ihrer eigenen Tochter Katharina der Großen. Gegen die hatte sie nämlich auch intrigiert.

6 Anhaltischer Boulevard-Adel entstand durch Geldmangel einer echten Hoheit.

Ständig taucht er in den Boulevardmedien der Republik auf: Frédéric von Anhalt, Ehemann von Zsa Zsa Gabor und einer der bekanntesten deutschen Blaublüter. Doch blaues Blut fließt nicht wirklich durch seine Adern. Geboren wurde Frédéric 1943 als Hans-Robert Lichtenberg. Erst 1980 mutierte er zu einem echten falschen „von". Nicht ganz unschuldig an der neuen Vornehmheit: eine monatliche Leibrente von 1.000 Mark, die der ehemalige Saunaclub-Betreiber an Marie Auguste Antoinette Friederike Alexandra Hilda Luise Prinzessin von Anhalt (1898–1983) zahlte. Für diesen Betrag adoptierte ihn die verarmte Frau – sehr zum Ärger der restlichen Familie. Seither erhält dieser Flügel der „von Anhalts" regelmäßig Nachwuchs, weil Frédéric den Titel munter weiter verkauft. Eigentlich ist der Titelhandel aber Schwachsinn, denn „Prinz von Anhalt" ist seit 1918 juristisch gesehen nur ein gewöhnlicher Familienname wie Müller, Meier, Schmidt.

11

Blühende Landschaften

Gute Nachrichten aus Sachsen-Anhalt: Die Region ist eine blühende Landschaft. Es gibt mehrere hundert denkmalgeschützte Gärten und Parks.

Betreten des Rasens verboten!

1 Das Dessau-Wörlitzer Gartenreich war eine echte Herzensangelegenheit.

Mit 18 Jahren übernahm Leopold III. (1740–1817) die Regentschaft über das kleine Fürstentum Anhalt-Dessau. Bevor er sich an das Regieren machte, tourte er allerdings erst einmal ausgiebig durch Europa. Er besuchte klassische Bildungsreiseziele wie Italien und Griechenland, aber auch England. Dort faszinierte ihn die Park- und Gartenkultur nachhaltig. Zurückgekehrt in seine Heimat, ließ der liberale Herrscher ab 1764 in Wörlitz den ersten kontinentaleuropäischen Landschaftspark errichten.

Es war der Beginn einer lebenslangen Leidenschaft. Innerhalb von 40 Jahren transformierte Leopold sein Land in ein einzigartiges Gartenreich. Das Besondere: Die Einzelanlagen wurden über weite Strecken durch Sichtachsen, Alleen und Deiche miteinander verbunden. Insgesamt 142 Quadratkilometer gestaltete Landschaft entstanden so – mit Anlehnungen an antike Vorbilder, aber auch durch Umsetzung neuzeitlicher Vorstellungen. Eine Grundidee der Leopoldschen Gärtnerei gilt heute wieder als modernes Konzept: Die Landschaft wurde nicht einfach umgepflügt, sondern mit Blick auf ihre natürlichen Gegegebenheiten bearbeitet.

Im Park von Oranienbaum wurden lange Orangen gezüchtet.

In Oranienbaum dreht sich seit Jahrhunderten alles um Orangen. Sogar im Stadtwappen findet sich ein Apfelsinenbaum. Die Hingabe zur Zitrusfrucht hat mehrere Gründe. Zum einen ist die kleine Gemeinde im Wörlitzer Winkel eng mit dem holländischen Königshaus Oranje, deren Symbol der Orangenbaum ist, verbunden. Zum anderen entstand auf Geheiß Leopold III. zwischen 1812 und 1818 eine der längsten Orangerien Europas. Das Gebäude, das

bis heute besteht, erstreckt sich über 175 Meter und wurde als Winterstandort für die zahllosen Zitruspflanzen des adligen Gartenfans benötigt. Im Schlosspark von Oranienbaum züchtete man zudem Orangen. Mitte des 19. Jahrhunderts gab es rund 500 Apfelsinenbäume. Aus deren Blüten wurde ein über die Landesgrenzen hinaus geschätzter Orangen-Bitter-Likör hergestellt. Bis ins Jahr 1950 widmete sich eine Fabrik der Spezialität – dann wurde die Produktion eingestellt. Seit 2002 haben Fans einen Grund zum Jubeln – und Trinken: Die Tradition wurde wiederbelebt.

Deutschlands größter und ältester Irrgarten befindet sich in Altjeßnitz.

Im Zeitalter des Barock war das Anlegen von Irrgärten eine weitverbreitete Mode, der sich auch Leopold Nicolas Freiherr von Ende (1713–1792), der Gutsbesitzer von Altjeßnitz, nicht entziehen wollte. 1755 – einige Quellen sprechen von 1732 – ließ er in einem Teil des Gutsparks einen Irrgarten anlegen. Die

Lust am Irren überdauerte den Schöpfer: 250 Jahre später laufen immer noch Besucher durch die mit zwei Meter hohen Hainbuchenhecken begrenzten Wege. In ihrem Äußeren hat sich die Anlage fast nicht verändert: Sie misst 46 mal 46 Meter und hat einen ähnlichen Grundriss wie bei ihrer Entstehung. Lediglich Sackgassen gibt es nicht mehr. Der kürzeste Weg beträgt 400 Meter und dauert knapp 6 Minuten. Manche brauchen Stunden.

In Bitterfeld wird am weltweit größten Landschaftskunstprojekt gewerkelt.

Zu DDR-Zeiten stand „Bitterfeld" für rücksichtslose Industriepolitik ohne Umweltbewusstsein. Chemiewerke verklappten ihre Abfälle in der Natur und Braunkohlebagger nagten sich gefräßig durch die Landschaft. Nicht einmal 20 Jahre später sieht es rund um Bitterfeld nahezu idyllisch aus. Dafür verantwortlich ist das weltweit größte Landschaftsprojekt. An dessen Ende soll sich das einst geschundene Gebiet der Goitzsche in eine 62 Quadratkilometer große Naherholungsfläche gewandelt haben. Dafür werden unter anderem ehemalige Tagebaue geflutet und so zu einer riesigen Seenlandschaft. Zudem wird massiv in moderne Kunstobjekte investiert, die sich überall finden. Zum Beispiel ein futuristischer Pegelturm und zehn große Eisenfiguren, die als „Wächter der Goitzsche" fungieren.

 Vom Magdeburger Elbauenpark aus kann man den Brocken sehen.

Um Norddeutschlands höchsten Berg von Sachsen-Anhalts Landeshauptstadt aus erblicken zu können, reicht es allerdings nicht, sich nur auf die Zehenspitzen zu stellen. Zwei Bedingungen müssen dafür erfüllt sein: gutes Wetter und gute Kondition. Letztere braucht man, um die 243 Stufen des höchsten Holzgebäudes der Welt zu erklimmen. Der 60 Meter hohe „Jahrtausendturm" – im Volkmund auch der „Schiefe Turm von Magdeburg" genannt – wurde als Wahrzeichen für die Bundesgartenschau 1999 errichtet. Falls das Wetter nicht mitspielen sollte, lohnt sich der Gang trotzdem. Im Inneren des Holzturms befindet sich eine Ausstellung über 6.000 Jahre Technik- und Erfindergeschichte. Auch der 93 Hektar große Elbauenpark, der zur BUGA angelegt wurde, ist ein Besuch wert.

Im Schlosspark Harbke steht einer der ältesten deutschen Ginkgobäume.

Ginkgobäume gelten als letzte Vertreter einer weltweit ausgestorbenen Baumart und wurden deshalb zum „Baum des Jahrtausends" ausgerufen. Das Exemplar in Harbke wurde 1758 gepflanzt und von einem ziemlich berühmten Fan angehimmelt. Kein Geringerer als Johann Wolfgang von Goethe schrieb 1805 einen bedeutenden Fachaufsatz über ihn.

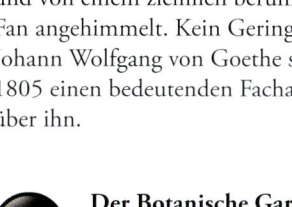

Der Botanische Garten in Halle ist der älteste Sachsen-Anhalts.

Seit 1698 befindet er sich am gleichen Ort und präsentiert heute rund 12.000 Pflanzenarten. Seinen Ursprung hat er in einem Arzneigarten der Universität, der jedoch zielstrebig zu einer auch andere Gewächse umfassenden Sammlung ausgebaut wurde. Dabei wuchs seine Fläche innerhalb von 100 Jahren um das 15fache. Zudem kamen im Laufe der Zeit Gewächshäuser und eine Sternwarte hinzu.

Der höchste Garten des Landes befindet sich auf dem Brocken.

Der Brockengarten ist ein Schau-, Forschungs- und Lehrgarten. Rund 1.600 Gebirgspflanzenarten lassen es sich im alpinen Klima gut gehen, soweit man das 1.142 Meter über dem Meeresspiegel kann. Erstmals angelegt wurde er 1890 vom Göttinger Biologie-Professor Albert Peter (1853–1937). Damit handelt es sich – Bayern aufgepasst! – um den weltweit ältesten Alpenpflanzengarten. Als der Brocken 1961 zum militärischen Sperrgebiet wurde, schien das Schicksal des Gartens für immer besiegelt. Doch 1990 – 100 Jahre nach seiner Ersteinrichtung – begann sein zweites Leben. Biologen der Uni Halle legten ihn neu an. Heute versammelt die Anlage nicht nur europäische Hochgebirgspflanzen, vielmehr ist sie mit seltenen Gewächsen aus aller Herren Länder bestückt.

Bräuche

In der Walpurgisnacht treffen sich alle Hexen des deutschsprachigen Raums auf dem Hexentanzplatz bei Thale zu einer Art Betriebsfeier. Darüber hinaus gibt es in Sachsen-Anhalt noch sehr viel mehr alte Bräuche.

 Die Hergisdorfer begehen in jedem Jahr ein Dreckschweinfest.

Einmal so richtig rumsauen: In Hergisdorf bei Eisleben ist das jeden Pfingstmontag möglich. Mit 3.000 Litern Wasser wird am Ortsrand eine riesige rotbraune Schlammpfütze angelegt, in der sich später die jungen Männer der Gemeinde suhlen. Hintergrund ist kein Hochleistungstest für Waschmittel (Stichwort: „weißer als weiß"), sondern ein alter heidnischer Brauch. Mit dem Herumhüpfen im Schlamm vertreiben die Hergisdorfer den Winter. Die dunkle Jahreszeit wird von den dunkel verkleideten und bemalten „Dreckschweinen" dargestellt, der Sommer durch weiß gekleidete Läufer mit bunten Anhängseln. Die Zeremonie beginnt, indem sich die Dreckschweine gegenseitig in den Schlamm werfen. Dann kommen die Läufer, knallen mit langen Peitschen auf die Erde und vertreiben so die Burschen aus dem Schlammloch. Natürlich ist das nur ein vorübergehender Sieg. Immer wieder springen die „Winter"-Leute in die Kuhle. Erst nach Stunden geben sie sich endgültig geschlagen – nun kann das ganze Dorf den Sieg mit viel Bier feiern.

Die Naumburger feiern ein historisches Fest ohne historischen Grund.

Jedes Jahr im Juni begehen die Naumburger ihr traditionelles Hussiten-Kirschfest. Fünf Tage lang feiern sie ausgelassen die Rettung aus höchster Not. Der Legende nach wurde die katholische Kommune im Jahr 1432 wochenlang von Hussiten belagert. Die Religionskrieger standen kurz davor, sie einzunehmen. Da fasste sich ein Naumburger Lehrer ein Herz und seine Schüler. Er steckte sie in weiße Büßerhemden und zog mit ihnen vor die Stadt. Dort emfing sie der Hussitenhauptmann Andreas Prokop (1380–1434). Geduldig hörte sich der „Bösewicht" ihre Bitte um Freilassung an, war planmäßig ergriffen, schenkte den Kindern (unplanmäßig) Kirschen und ließ seine Männer abziehen – Naumburg war gerettet. So weit die Geschichte. Die Sache hat nur einen kleinen, aber entscheidenden Haken: Naumburg wurde in Wahrheit nie von irgendwelchen Hussiten belagert. Die wundersame Rettung ist daher nichts als eine schöne Legende, die nur einen Grund für das muntere Treiben beim Sommerfest liefert. Da hilft es auch nicht, dass heutzutage die Belagerung der Hussiten nachgestellt wird. Jedes Jahr errichten die Naumburger ein Hussitenlager und spielen die Szenerie des Bittgangs auf dem Marktplatz nach. Auch wenn der Ursprung des Festes erfunden ist: Die Veranstaltung selbst ist äußerst traditionsreich. Im Archiv finden sich Rechnungen für ein Kinderfest aus dem 16. Jahrhundert, die an den Naumburger Rat gerichtet sind. Eine überzeugend klingende These zur wirklichen Herkunft der Feier: Ende Juni wird traditionell der Apostel Petrus und Paulus gedacht. Die beiden Heiligen sind Namenspatronen des Naumburger Domes und der Stadt. Zu diesem wichtigen Anlass fanden stets große Gottesdienste, eine Prozession und ein großer Markt statt, für die die Menschen von weither anreisten. Naumburg war daher Ende Juni immer gut besucht – keine schlechte Voraussetzung für ein gelungenes Volksfest.

③ In Leisslingen bettelt man, bevor ein Bär im Fluss ertränkt wird.

Gleich zwei traditionelle Bräuche verbinden sich beim „Leisslinger Eierbetteln". Am Sonntag nach Pfingsten geht es in aller Herrgottsfrühe los. Bereits um 6 Uhr läuft eine Blasmusikkapelle durch das Dorf, um alle aus dem Schlaf zu reißen. Wenig später stehen die kleinen Leisslinger in lustigen Kostümen herausgeputzt bereit, um aufgeregt bei der Nachbarschaft zu klingeln und Eier zu schnorren. Volkskundler sprechen von einem

„Heischegang", vergleichbar mit dem amerikanischen Halloween. Später gibt es einen farbenfrohen Umzug durch das Dorf, während dem auch die Erwachsenen um Eier betteln. Mitten im Zug wackelt eine Bärenpuppe aus Stroh mit. Sie wird als Höhepunkt in die Saale geschubst und „versenkt" – um das Böse zu vertreiben. Bleibt noch ein Geheimnis zu lüften: Was passiert mit den rund 500 erbettelten Eiern? Antwort: Sie werden zu Rührei für alle verarbeitet.

④ Um Wittenberg hat sich bis heute ein holländischer Brauch erhalten.

In der Gegend um Wittenberg backt man zur Fastnachtszeit Klemmkuchen – eine Art Waffel. Der Ursprung des süßen Brauches liegt im 12. Jahrhundert und geht auf die zahlreichen holländischen Einwanderer zurück, die damals in die Region kamen. Die Herstellung des Klemmkuchens ist wahre Schwerstarbeit. Für 50 Waffeln wird aus 1,5 Litern Milch, 1,5 Kilogramm Mehl, 0,25 Liter Sahne, 125 g Butter, 250 g Zucker, einer Vanillestange und einer Prise Salz ein Teig gerührt. Das ist an sich nicht anstrengend. Ordentlich Muskeln und Ausdauer verlangt das Backen der Waffeln, denn der Teig wird traditionell über offenem Feuer ausgebacken – in riesigen Eisenzangen mit flachen Spitzen. Während der gesamten Zeit müssen die Zangen fest zusammengedrückt werden. Schön wird es erst wieder beim Naschen – die Waffeln werden mit Schlagsahne gefüllt gegessen.

In Benneckenstein im Harz wird traditionell um die Wette gezwitschert.

 Frauentausch mal anders: In Lobitzsch werden aus Omas junge Mädchen.

Was für Internetjunkies twittern ist, ist für Benneckensteiner das Zwitschern. Allerdings stellt der Brauch in der Harzgemeinde keine unsinnige Erfindung für Mitteilungszwangsneurotiker dar, sondern eine alte Bergmannstradition mit ernsthaftem Hintergrund. Jedes Jahr am Pfingstmontag treffen sich die Benneckensteiner zum sogenannten Finkenmanöver. Das ist ein Zwitscher-Wettbewerb für Buchfinken. Sieger wird der Vogel, der am häufigsten Töne von sich gibt. Historischer Grund für die Veranstaltung ist die enge Verbindung von Finken und Bergleuten. Die Singvögel waren oft Lebensretter. Unter Tage warnten sie vor gefährlichen Gasen. Keine Tradition ohne ordentliche Verächter – Tierschützer kämpfen seit Jahren gegen den Brauch. Ihr Argument: Um die Buchfinken auf das Kampfsingen vorzubereiten, werden sie monatelang in verhüllten Käfigen gehalten. In Sachsen-Anhalt ist das aber seit einigen Jahren offiziell verboten.

Schönheitschirugen sind in Lobitzsch absolut überflüssig und Botox braucht dort auch niemand, denn alle sieben Jahre gibt es in der kleinen Gemeinde bei Weißenfels die Möglichkeit, eine schon etwas runzelig gewordene Frau knackfrisch zu machen. Als Frauenbeauftragter fungiert dabei ein Müllermeister – früher ein echter, heute ein Laie. Der Brauch, der 1854 vom damaligen Lobitzscher Windmühlenpächter Ferdinand Gärtner eingeführt worden sein soll, nimmt einen ganzen Nachmittag in Anspruch. Zunächst werden die zur Rundumsanierung auserkorenen Damen Richtung Mühle – mangels echter wird extra ein Nachbau angefertigt – getrieben. Dann beginnt das Schauspiel. Die Frauen hüpfen beziehungsweise werden in einen Trichter gehüpft. Aus dem unteren Teil des Mahlwerkes kommen sie dann deutlich verjüngt heraus. Ist das Ergebnis nicht zufriedenstellend, wird der Vorgang beliebig oft wiederholt. Das wirklich Fiese an der Sache: Eine Altmännermühle gibt's zum Leid der Frauen (natürlich) nicht. Dabei wäre das sicherlich nicht weniger wichtig. Der nächste Termin ist im Sommer 2016.

Braukunst

Durchschnittlich 111 Liter Bier trinkt jeder Deutsche pro Jahr. In Sachsen-Anhalt ist es zwar nicht ganz so viel – trotzdem hat die Region eine lange und großartige Brautradition.

Trotz großer Tradition sind Sachsen-Anhalter heute Bierverächter.

In keinem anderen Bundesland leben so viele Bierverweigerer wie zwischen Altmark und der Saale-Unstrut-Region. Ganze 44 Prozent der Sachsen-Anhalter behaupten: „Ich trinke nie Bier!" Das ergab eine wissenschaftliche Studie. Ob es wirklich stimmt? Verwunderlich wäre es jedenfalls, denn das Land kann auf eine außergewöhnlich reiche Biergeschichte verweisen und das Magdeburger Finanzministerium freut sich über 23,7 Millionen Euro Biersteuer im Jahr.

2

In Tangermünde wird das legendäre „Kuhschwanzbier" gebraut.

Der Name des regional beliebten Gerstensaftes kündet vom ewigen Kampf der Tangermünder Brauer mit den örtlichen Rindviechern. Die Kühe stillten ihren Durst mit dem Wasser des Tangers und hielten dabei ihre Schwänze in den Fluss. Aus dem Tanger entnahmen aber auch die Brauer ihr Wasser. Der Legende nach erließ deshalb der Rat der Stadt eine Verfügung, dass an Tagen, an denen die Brauer Wasser aus dem Fluss holten, kein Rindvieh in dessen Nähe gelassen werden durfte. Leider befolgte kaum jemand das Gesetz, so dass mindestens ein Kuhschwanz immer im Wasser hing – was Auswirkungen auf den Geschmack haben soll.

3

Aus der Stadt Gardelegen kommt die älteste Biermarke der Welt.

Stolz kann sich die Hansestadt damit brüsten, dass in ihren Mauern seit dem 16. Juli 1314 „Garley" gebraut wird. An diesem Tag verlieh Markgraf Waldemar dem Ort das uneingeschränkte Braurecht. „Garley" ist aber nicht nur die älteste Biermarke der Welt, sondern auch der älteste durchgehend genutzte Markenname. Zu den Fans gehörte schon der russische Zar Peter der Große (1672–1725). Als der 1698 die Stadt besuchte, lobte er es überschwänglich und in aller Öffentlichkeit: „Ich habe noch nie ein so wohlschmeckendes Bier getrunken!" Dass Hoheits Worte kein diplomatisches Geschwafel waren, bekamen zwei Gardeleger Braumeister schnell zu spüren – Zar Peter nahm sie kurzerhand mit nach Russland. Auch andere Berühmtheiten priesen immer wieder das dickflüssige Braunbier. Der bekannte schwedische Naturwissenschaftler Carl von Linné (1707–1778) verfasste für die Stockholmer Akademie der Wissenschaften sogar einen Aufsatz mit dem Titel „Die Deutschen und ihr Garley". Der Universalgelehrte Gottfried Wilhelm Leibniz (1646–1716) erwähnte es in seinem Tagebuch: als Ursache für einen Fieberausbruch.

4 Viele Regionen des Landes waren einst bekannte Hopfenanbaugebiete.

Eine der wichtigsten Zutaten fürs Bierbrauen ist Hopfen. Die Kletterpflanze mit den markanten Dolden wird seit rund 1.000 Jahren im Gebiet des heutigen Sachsen-Anhalt kultiviert. So belegt eine Urkunde aus dem Jahr 1070 den Anbau bei Magdeburg. Ihre erste – Achtung: Wortspiel – Blütezeit erlebte die Hopfenkultur im Mittelalter. In der Altmark, aber auch rund um Dessau wurde das „Grüne Gold" so erfolgreich gezüchtet, dass man die Ernte sogar bis nach Skandinavien exportierte. Bis 1934 lebten allein in der Altmark rund 200 Dörfer vom Hopfenanbau. Durch den Zweiten Weltkrieg kam die Tradition weitgehend zum Erliegen – bis zur Renaissance in der 1950er-Jahren. Heute ist die Bewirtschaftung der Hopfenfelder in Sachsen-Anhalt eine kleine, aber feine Angelegenheit. Auf insgesamt 545 Hektar kultivieren neun Betriebe die alte Pflanze. Damit ist das Land die Nummer 1 in Ostdeutschland und muss sich nur knapp einem bayerischen Anbaugebiet geschlagen geben. Orte mit Hopfenanbau sind: Weddegast, Baasdorf, Maasdorf, Prosigk, Obhausen/Nehmsdorf, Beesenstedt, Kleinbadegast, Oelsen, Aue, Querfurt, Gleina/Rehmsdorf und Salsitz.

5 Wer ein bestimmtes Quedlinburger Bier trinkt, kann von sich hören lassen.

Endlich einmal ein Produkt, das hielt, was es versprach: Quedlinburger „Pubarschknall" war im 19. Jahrhundert ein echter Kracher. Im wahrsten Sinne des Wortes: Der Genuss des obergärigen Braunbieres konnte unangenehme Folgen haben. Damals wurde das Gesöff bereits am Tag nach dem Brauen unter die Quedlinburger gebracht.Vom Pferdewagen aus verkauften es die Brauer auf der Straße – mit dem dringenden Hinweis, es unbedingt mit der gleichen Menge Wasser zu mischen, in Bügelflaschen zu füllen und einige Tage zum Reifen stehen zu lassen. Wer nicht warten konnte, musste mit den Folgen leben: Das Trinken des unreifen, unverdünnten Bieres führte zu Magenverstimmungen, Durchfall und Blähungen. Schnell hatte der Volksmund einen passablen Namen für das Getränk parat: „Pubarschknall". Heute wird die Spezialität wieder in Quedlinburg gebraut. Nach Originalrezept, aber ohne die markanten Nebenwirkungen – der Reifeprozess ist nämlich abgeschlossen.

6

Ostdeutschlands beliebteste Biersorte wird in Wernigerode fabriziert.

Rund 2,5 Millionen Hektoliter Bier produziert die Brauerei Wernigerode mit ihrer bekannten Biermarke „Hasseröder". Mit einem Marktanteil von rund 13 Prozent ist sie die verbreitetste in den ostdeutschen Bundesländern. Der Erfolg ist kein Zufall, schließlich produzierten die Harzer schon zu DDR–Zeiten ein sehr beliebtes Bier, das jedoch fast ausschließlich im damaligen Bezirk Magdeburg zu bekommen war. So mancher Familienvater soll angeblich nur deswegen einem Harzurlaub zugestimmt haben. Die Ursprünge der Firma gehen bis ins Jahr 1872 zurück. Damals wurde im Wernigeröder Ortsteil Hasserode die Bierbrauerei „Zum Auerhahn" gegründet. Das namensgebende Federvieh prangt noch heute auf dem Etikett.

7

Auf dem Altmärkischen Hopfen- und Bierpfad lässt es sich gut aushalten.

„Blattsalat mit Trüffel-Bier-Sauce", „Weißbierschaumsuppe", „Im Biersud gedünstete Filets von Seezunge" und „In Bockbiersabayon gratinierter Rhabarber" – wer solche Dinge auf der Speisekarte seines Restaurants führt, hat als Koch ganz offensichtlich ein kleines Faible für Bier. Entlang des Altmärkischen Bier- und Hopfenpfades ist das längst keine Ausnahmeerscheinung mehr. Seit einigen Jahren kann man sich auf der Tour der 500 Jahre alten Brautradition der Region auf ganz besondere Weise nähern. Die Pfadstationen in Neuendorf, Schollene, Dammkrug Güssefeld, Tangermünde, Gardelegen und Kalbe erwarten die Besucher nicht nur mit trockenen Infos, sondern meist auch mit einem kühlen Blonden, Braunen oder Schwarzen. Egal ob sorgsam restaurierte Landhausbrauerei, neu angelegte Hopfenanpflanzungen oder ein Biermuseum – nach einem Kurztrip durch die Altmark wird vielen der Kopf brummen ... und das nicht nur wegen der vielen spannenden Informationen.

Burgen

In kaum einem anderen Bundesland gibt es so viele Burgen wie in Sachsen-Anhalt. Die mächtigen Bauwerke beeindrucken mit ihrer wehrhaften Architektur und ihrer Geschichte.

1 **Deutsche Kaiser und Könige besaßen viele Burgen in Sachsen-Anhalt.**

Gleich 37 Pfalzen gab es in der mitteldeutschen Region im Mittelalter. Neben heute großen Orten wie Magdeburg, Halle, Zeitz und Naumburg verfügten auch Orte wie Oschersleben, Samswegen und Wallhausen über derartige Anlagen. Pfalzen waren die Wohn- und Amtssitze der deutschen Könige und Kaiser. Die Herrscher hatten damals keine ständige Residenz, sondern reisten von einer zur anderen. Dort hielten sie Hof, sprachen Recht und verhandelten Verträge. Besonders wichtig war die Pfalz in Memleben. In ihr hielten sich im 10. Jahrhundert außergewöhnlich oft Könige und Kaiser auf. Sonderlich gut bekam sie ihnen aber offensichtlich nicht. Gleich zwei Herrscher starben dort. 936 verschied König Heinrich I. und Kaiser Otto I. segnete 973 das Zeitliche. Ottos Eingeweide wurden in der Memlebener Marienkirche bestattet, sein Leichnam in den Magdeburger Dom überführt.

2 Die Rudelsburg war für viele Studenten ein Identifikationsort.

Für Studenten der Universitäten Halle, Leipzig und Jena war die Rudelsburg bei Bad Kösen nicht nur eine Burg unter vielen. Ab Mitte des 19. Jahrhunderts fungierte sie als populäre Stätte für Verbindungstreffen, denn die verfallene Ruine entsprach ganz dem romantischen Mittelalter- und Selbstbild der Deutschen. Ausdruck dieser sentimentalen Stimmung ist ein bekanntes Volkslied, das der Student Franz Kugler 1826 bei einem Besuch auf der Rudelsburg schrieb: „An der Saale hellem Strande". Mit Einrichtung einer Eisenbahnverbindung nach Bad Kösen und der Eröffnung einer Burgschenke wurde die Rudelsburg bald Massenattraktion. In den 1870er-Jahren begann der teilweise Wiederaufbau, beschwingt von einem nationalen Hochgefühl nach der deutschen Einigung. Zu einem wahrhaft historischen Ereignis kam es 1987. Obwohl Studentenverbindungen in der DDR verboten waren, traf sich im Juni ein Schar von 19 Studenten, um an die alten Traditionen anzuknüpfen. Dafür reisten sie teilweise über die Saale in Badewannen an.

An der Saale hellem Strande

An der Saale hellem Strande
stehen Burgen stolz und kühn,
ihre Dächer sind zerfallen,
und der Wind streicht durch die Hallen,
Wolken ziehen drüber hin.

Zwar die Ritter sind verschwunden,
nimmer klingen Speer und Schild.
Doch dem Wandersmann erscheinen
in den altbemoosten Steinen
oft Gestalten zart und mild.

Droben winken holde Augen,
freundlich lacht manch roter Mund.
Wandrer schaut wohl in die Ferne,
schaut in holder Augen Sterne,
Herz ist heiter und gesund.

Und der Wandrer zieht von dannen,
denn die Trennungsstunde ruft;
und er singt Abschiedslieder,
Lebewohl tönt ihm hernieder;
Tücher wehen in der Luft.

Die Sumpfburg Oebisfelde war während der deutschen Teilung auch geteilt.

 Auf Burg Falkenstein wurde deutsche Rechtsgeschichte geschrieben.

Sie ist eine der ältesten europäischen Burgen ihrer Art und kann auf eine bewegte Geschichte zurückblicken – die Sumpfburg Oebisfelde. Erstmals im Jahr 1226 erwähnt, gehen ihre ältesten Bestandteile bis ins Jahr 1014 zurück. Gebaut wurde sie, um den Übergang über den Fluss Aller zu kontrollieren. Um Kontrolle ging es auch Jahrhunderte später. Während der deutschen Teilung bis 1990 verliefen mitten durch das Wall- und Grabensystem die innerdeutschen Grenzanlagen. Nach der Wende erwachte die Burg zu neuem Leben. Ein rühriger Verein kümmerte sich um die Sanierung und bietet heute spannende Sprücheführungen an. Mit Hilfe alter Ausstellungsstücke lernen Besucher die Herkunft mittelalterlicher Redewendungen wie „Ins Fettnäpfchen treten" und „Auf die hohe Kante legen".

Um 1225 verfasste Eike von Repgow (1180/90–1233) auf Burg Falkenstein die älteste deutsche Gesetzessammlung – den sogenannten „Sachsenspiegel". Repgows revolutionäre Leistung ist nicht hoch genug einzuschätzen. Zum ersten Mal unternahm damit jemand den Versuch, die seit Generationen mündlich weitergegebenen Gewohnheitsrechte schriftlich zusammenzufassen, zu sortieren und so vergleichbar zu machen. Erst durch diese aufsehenerregende Tat wurde die Voraussetzung für ein modernes, einheitliches Rechtssystem geschaffen. Und noch eine revolutionäre Neuheit ist mit dem Buch verbunden: Statt wie damals üblich ist das Buch nicht in Latein, sondern in Niederdeutsch verfasst. Deshalb gilt es auch als eines der ersten deutschsprachigen Prosawerke.

Die Burgen des Landes sind immer häufiger historische Filmkulisse.

In Halle stehen die älteste und die jüngste Burg am Saaleufer.

Für den internationalen Blockbuster „Die Päpstin" diente beispielsweise die Burg Querfurt als Drehort. Lange suchten die Produzenten nach einer passenden Anlage – unter anderem in Rumänien, Bulgarien und Tunesien. Dann entdeckten sie ihr Traumobjekt auf einem Foto aus Sachsen-Anhalt. Regisseur Sönke Wortmann und die Produzenten entschlossen sich spontan für Querfurt. Ganz ohne Umbauarbeiten ging es aber nicht. Da die Anlage aus dem 11. Jahrhundert stammt, die Geschichte des Films aber 200 Jahre früher spielt, wurde das historische Gemäuer mit einer abwaschbaren Spezialfarbe versehen. Zusätzlich baute das Team romanisch wirkende Häuser aus Gips. Sie wurden wieder restlos entfernt – im Film gingen sie in Flammen auf. Die erste Filmcrew in Querfurt war es übrigens nicht. Wenige Monate zuvor drehte Til Schweiger dort Teile seiner Komödie „1½ Ritter". Für die Burg kein Problem – schließlich wurde sie als Schutz gegen feindliche Angriffe erbaut.

Die ältesten erhaltenen Teile der Burg Giebichenstein stammen aus der Mitte des 12. Jahrhunderts. Über viele Generationen war sie Hauptsitz der Magdeburger Erzbischöfe. Seit 1921 residiert in ihr eine international anerkannte Kunstschule. Die Moritzburg ist mittlerweile selbst ein Kunstwerk. 2008 erhielt sie einen modernen Anbau. Der Grundstein der ursprünglichen Anlage wurde bereits im Jahr 1484 gelegt.

Burgtürme in Sachsen-Anhalt tragen manchmal seltsame Männernamen.

Burgtürme sind kilometerweit sichtbar und prägen das Antlitz ihrer Region. Kein Wunder also, dass die präsenten Bauwerke häufig mit Spitznamen bedacht werden. Zum Beispiel der „Dicke Heinrich" in Querfurt, der „Dicke Wilhelm" in Freyburg und der „Graue Herrmann" in Weferlingen. Weibliche Türme gibt es übrigens nicht. Liegt's am phallusartigen Aussehen?

Chemie

„Chemie gibt Brot, Wohlstand und Schönheit" – das versprach eine offizielle Losung der DDR. Das gilt bis heute – allerdings ohne so viel Schmutz zu machen wie damals.

 Sachsen-Anhalt ist ein wichtiger Chemiestandort der Bundesrepublik.

Zu DDR-Zeiten bildete das Chemiedreieck Leuna-Buna-Bitterfeld das Herz der ostdeutschen Chemieindustrie. 40 Prozent aller Chemiearbeiter waren im Bezirk Halle beschäftigt. Nach der Wende stand der gigantische Industriekomplex vor dem Aus. Doch Investitionen in Milliardenhöhe schufen ein kleines Wunder: Heute erwirtschaften 16.500 Beschäftigte in modernen Anlagen pro Jahr fast 7 Milliarden Euro Umsatz. Die Umweltbelastung für die Region ist trotzdem dramatisch gesunken.

 Seit rund 130 Jahren ist Sachsen-Anhalt eine Chemieregion.

Damit ist das Land einer der traditionsreichsten Industriestandorte der Welt. Der Aufstieg begann um 1880 mit einer ersten große Fabrikanlage in Bernburg – zur Produktion von Solvay-Soda. Bald folgten weitere Unternehmen, beispielsweise in Bitterfeld, Wolfen und Piesteritz. Zahlreiche Pioniertaten und Erfindungen, wie die Ammoniak- und Methanolsynthese, die Herstellung der ersten Synthetikfaser, des ersten vollsynthetischen Feinwaschmittels und von Kautschuk, gelangen in Sachsen-Anhalt.

Die beliebte „Bino"-Speise-würze war ein Produkt der Chemieindustrie.

 Nicht nur Einkaufsnetze und bunte Kittelschürzen waren aus Dederon.

„Koche mit Liebe, würze mit Bino", holperte die DDR-Reklame. Das so beworbene Produkt fand trotzdem reißenden Absatz – nicht nur wegen fehlender Alternativen. „Bino" eroberte ostdeutsche Küchen wie sein westliches Pendant „Maggi". Der Name des Produktes leitete sich vom Produktions-standort „*Bi*tterfeld *No*rd" ab. Am Anfang verarbeitete man dafür aus Sparsamkeit Abfälle aus der Igelit–Her-stellung, einem Weich-PVC. Nicht ohne Folgen: Acht Krebstodesfälle wurden 1952 auf Bino-Genuss zurückgeführt. Das Gesundheitsministerium Sachsen-Anhalt verbot daraufhin den Vertrieb. Während Westzeitungen hämisch titel-ten „Ostzonen-Suppenwürfel bringen Krebs", veränderten die Bitterfelder ihr Rezept und brachten ihr Produkt neu auf den Markt.

1963 erschien in der DDR ein Brief-markenblock aus der Synthetikfaser De-deron. Er bestand aus zwei Marken zu Nennwerten von 50 beziehungsweise 70 Pfennigen, die unter der Überschrift „Chemie für Frieden und Sozialis-mus" eine mit Flaschen hantierende Laboran-tin und ein riesiges Chemiewerk abbilde-ten. Die Briefmarke gilt als Kuriosum, da sie die einzige Kunstfasermarke der Welt ist. Die Auswahl des Stoffes De-deron war kein Zufall. Bereits seit den 1930er-Jahren wurde der Grundstoff da-für in Leuna hergestellt – ursprünglich als Perlon. Aus Markenrechtsgründen benannte man das Produkt um. Die Faser war aus dem DDR-Alltag kaum wegzudenken: Kittelschürzen und die berühmt-berüchtigten Einkaufsnetze bestanden aus ihr.

Ohne eine Erfindung aus Sachsen-Anhalt sähe es beim Film weniger bunt aus.

 Autofahren mit Braunkohlebenzin galt mal als Zukunftstechnologie.

Die kleine Stadt Wolfen bei Bitterfeld hat es in der Welt des Films zu einem großen Namen gebracht. Bis heute wird dort der Stoff, auf dem die Träume sind, produziert: Rohfilmmaterial. 1909 errichtete die Agfa die damals größte Rohfilmfabrik der Welt. Ihre Kapazität reichte für 20 Millionen Meter Film im Jahr. Ein glänzendes Geschäft! Obwohl der Film noch in den Kinderschuhen steckte, gab es einen großen Bedarf. Die Wolfener lieferten beste Qualität und forschten intensiv an weiteren Verbesserungen. Ihr großes Ziel: den ersten praktikablen Farbfilm der Welt zu entwickeln. Farbe im Film war schon zur Jahrhundertwende möglich. Mit großem Aufwand kolorierte man Einzelbilder per Hand. Zudem experimentierten Kameraleute mit Mehrfachaufnahmen. Sie belichteten gleichzeitig mehrere Filmrollen durch unterschiedliche Objektive, färbten sie nach der Entwicklung komplett ein und projizierten sie parallel. Auf der Leinwand mischten sich die Farben – es entstand ein farbiger Eindruck. Dieses Verfahren war aufwendig und teuer. Wolfener Forscher suchten daher einen Weg, alles mit einem einzigen Filmstreifen zu erledigen. 1936 gelang ihnen der Durchbruch: der Agfacolor-Film. Der besaß unterschiedlich farbsensible Schichten und vereinte so mehrere Filme in einem. Der erste Spielfilm, der mit der revolutionären Neuheit gedreht wurde, war 1941 die Ufa-Komödie „Frauen sind die besseren Diplomaten".

Die Abhängigkeit der „modernen Welt" vom Erdöl ist nun auch schon fast 100 Jahre alt. Damals wie heute grübelten Forscher über günstige Alternativen. Eine Lösung – für die Produktion von Treibstoffen aus Kohle – entwickelte der Chemiker Friedrich Bergius (1884 – 1949): die Kohleverflüssigung. Dabei wird fein gemahlene Braunkohle mit recyceltem Schweröl gemixt und unter einem Druck von 300 bar sowie bei Temperaturen um die 500°C Wasserstoff hinzugefügt. Als Ergebnis der chemischen Reaktion entstehen verschiedene Öle, aus denen anschließend Benzin raffiniert werden kann. In den Leuna-Werken, die zum IG Farben Konzern gehörten, wurde dieses Verfahren ab 1927 zum ersten Mal im industriellen

Maßstab angewandt. Das synthetische Benzin kam unter den Markennamen „Gasolin" und „Leuna-Benzin" an die deutschen Zapfsäulen und erhielt eine zunehmend große Bedeutung für die Energiewirtschaft. In den späten dreißiger Jahren wurden fast vier Fünftel des reichsweiten Benzinverbrauchs durch Leuna-Benzin gedeckt. Dies war nicht unbedingt der besonderen Qualität zu verdanken, sondern dem Bestreben des Nazi-Regimes geschuldet, sich in Rohstofffragen weitgehend autark zu machen. Nach dem Zweiten Weltkrieg führte dieses Argument auch in der DDR dazu, dass die Kohleverflüssigung zunächst weiterbetrieben wurde. Obwohl die Herstellung von Treibstoff aus heimischer Braunkohle teurer war als der Import von Erdöl, hielten sich die Planungsbehörden die Option anfangs offen. Erst 1958 wurde die letzte Hydrierungseinrichtung stillgelegt.

7 In Bitterfeld ereignete sich der größte Chemieunfall der DDR-Geschichte.

Am 11. Juli 1968 um 14:02 Uhr erfüllte ein ohrenbetäubendes Geräusch die Luft über Bitterfeld. Im Umkreis von fünf Kilometern zerbrachen sämtliche Glasscheiben. Grund: Im Elektrochemischen Kombinat war es zu einer folgenschweren Gasexplosion gekommen. In einem Druckbehälter, einem sogenannten Autoklav, hatte sich ein Überdruck gebildet, der nicht rechtzeitig abgebaut werden konnte. Von 57 Arbeitern, die sich zu diesem Zeitpunkt in der Werkshalle befanden, waren 42 auf der Stelle tot. Dass nicht noch mehr passierte, ist dem heldenhaften Mut eines 30-jährigen Arbeiters zu verdanken. Unter Einsatz seines Lebens kämpfte sich Fritz Häsler durch die Trümmerlandschaft und entschärfte weitere 17 Autoklaven, die ebenfalls zu explodieren drohten. Für die Polizei bedeutete der Unfall einen Großeinsatz: Um befürchtete Plünderungen zu verhindern, waren zeitweise 3.000 Vopos und Hilfskräfte aktiviert.

Dialekte

In keinem anderen Bundesland herrscht so ein babylonisches Sprachgewirr wie in Sachsen-Anhalt. Hier reden viele, wie ihnen der „Dialekt-Schnabel" gewachsen ist.

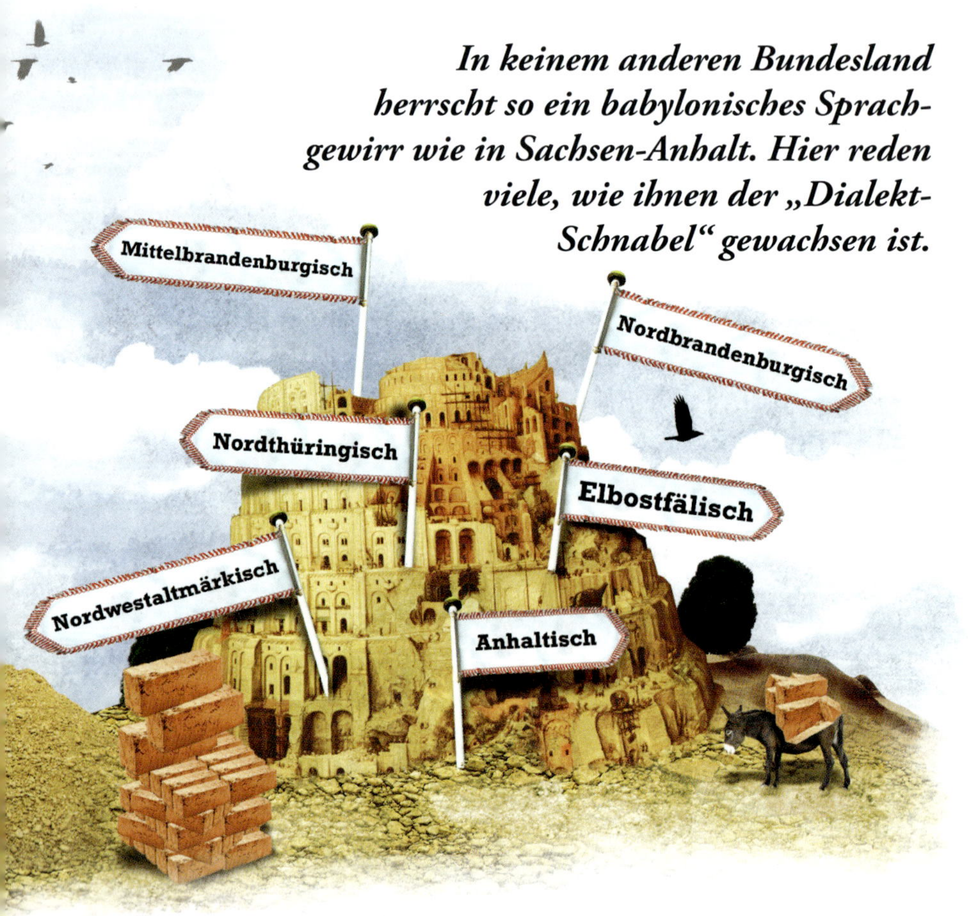

Mittelbrandenburgisch

Nordbrandenburgisch

Nordthüringisch

Elbostfälisch

Nordwestaltmärkisch

Anhaltisch

 Die genaue Einteilung in Sprachgebiete ist eine schwierige Sache.

Viele Experten – viele Meinungen: Geht es um eine genaue Benennung und Abgrenzung der Sprachregionen Sachsen-Anhalts, kommen Sprachforscher schnell ins Schlingern. Grob gesagt teilt sich das Land in sechs mundartliche Gebiete: nordwestaltmärkisch (Altmark westlich des Flusses Jeetze), nordbrandenburgisch (überwiegende Altmark), mittelbrandenburgisch (ost-elbische Gebiete), elbostfälisch (Börde, Harz, Harzvorland), nordthüringisch (Südharzer Grenzgebiet zu Thüringen) und anhaltisch (südlich der Elbe und östlich der Saale). Hinzu kommen eine Menge lokale Unterdialekte – wie das Mansfeldische – mit ihren Besonderheiten. Ursache für den Sprachmix ist zum einen die lange gepflegte Kleinstaaterei, zum anderen die ständige Zu- und Abwanderung der Bevölkerung. Besonders im frühen Mittelalter und nach dem Zweiten Weltkrieg kam es zu Neuansiedlungen.

Im Osten des Landes prägten Niederländer die Sprache.

 Früher wurde in weiten Teilen Sachsen-Anhalts Plattdütsch gesnackt.

Im 12. Jahrhundert ließ Markgraf Albrecht der Bär (1100 –1170) in Flandern, Seeland und Holland Siedler anwerben, die sich daraufhin prompt auf den Weg ins heutige Sachsen-Anhalt machten und sich in den bis dato vor allem slawisch geprägten Gegenden niederließen. Die Niederländer nahmen ihren neuen Wohnsitz in der Altmark, dem Jerichower Land und dem Fläming. Aus ihrer Heimat brachten sie aber nicht nur Windmühlen und Kenntnisse über den Deichbau mit, sondern auch ihre Sprache. Bis heute finden sich in den regionalen Mundarten Wörter („ooch"), die den niederländischen Ursprung verraten. Auch Ortsnamen („Aken") verweisen auf die Herkunft ihrer Gründer.

Dämlacks

Wohl die wenigsten Deutschen verbinden Sachsen-Anhalt mit der niederdeutschen Sprache – doch in weiten Teilen wurde einst Platt gesprochen. In einigen Orten pflegt man die Mundart bis heute. An der Universität Magdeburg beschäftigt sich sogar eine Arbeitsgruppe damit. Augenfälligstes Ergebnis der wissenschaftlichen Auseinandersetzung mit dem Plattdeutschen ist eine offizielle Platt-Fibel für die 1. bis 6. Schulklasse in Sachsen-Anhalt. Hintergrund für diese Bemühungen ist ein Beschluss des Landtages vom November 1991, Niederdeutsch besonders zu fördern.

4

Ganz ohne Übertreibung: Hochdeutsch ist „Made in Sachsen-Anhalt".

Verantwortlich dafür ist Martin Luther (1483–1546). Mit seiner Bibelübersetzung aus den hebräischen und griechischen Urtexten schuf er ab 1522 die Grundlage für unser heutiges Hochdeutsch. Der Eisleber Reformator fasste die Heilige Schrift in seinem heimatlichen ostmitteldeutschen Dialekt ab – eine beispiellose Tat. Schließlich wurde zu dieser Zeit allein aus der lateinischen Bibelvariante vorgetragen, selbst wenn das bloß wenige gebildete Leute verstanden. Die einfachen Menschen hörten im Gottesdienst zu, ohne auch nur ansatzweise etwas zu verstehen. Mit seiner Übertragung schuf Luther natürlich keine grundsätzlich neue Sprache, vielmehr „glättete" er seinen Dialekt, damit er überall verständlich war. Seine revolutionäre Wirkung erreichte das Opus erst durch die überragend schnelle und weite Verbreitung, die der neu erfundene Buchdruck möglich machte. Das allein schuf Fakten. Als Standardwerk diente Luthers Bibel von nun an sowohl im Hinblick auf ihren Sprachschatz als auch ihrer Stilistik. Kein Wunder also, dass Jakob Grimm – aus Sicht heutiger Philologen vielleicht etwas überschwänglich – von Luther als dem „Erfinder der deutschen Sprache" schwärmte. Erfindungsreichtum bewies der Theologe aber durchaus. Zahlreiche Begriffe („Machtwort") und Sprichwörter („Der Geist ist willig, das Fleisch ist schwach") sind erstmals hier zu finden. Natürlich blieb die Entwicklung des Hochdeutschen mit Luthers Übersetzung nicht stehen. Aber gerade an ihr ist die Lebendigkeit von Sprache nachvollziehbar. Moderne Forscher verglichen viele Raubdrucke damaliger Bibeln und stellten fest: Die Raubkopierer werkelten selbst am Text und fügten der lutherschen Bibelsprache ihre eigenen Begriffe und Wendungen hinzu.

HERGESTELLT IN SACHSEN-ANHALT

Vogelgesang in Magdeburg

5 In der Landeshauptstadt sind zungenfertige Leute beheimatet.

Das muss den Magdeburgern erst einmal jemand nachmachen: Sie sind in der Lage, den Buchstaben „G" gleich in fünf unterschiedlichen Variationen auszusprechen – nur nicht als klares „G" wie der Rest der Deutschen. Eine Beispielwortgruppe gefällig? „Vogelgesang in Magdeburg" klingt im Magdeburger Slang ungefähr wie „Voreljesank in Machteburch". Kein Angst: Die Landeshauptstädter nehmen es niemandem übel, wenn er oder sie es nicht genauso hinbekommt wie sie selbst – schließlich ist das eine echte Kunst. Fuchsteufelswild können sie hingegen werden, sollte man sich in der Aussprache ihres Ortsnamens vergreifen. Vor allem Sprecher westelbischer Provenienz neigen dazu, völlig ungehemmt „Maaaaaaagdeburg" zu sagen. Das ist nicht nur falsch – es wird mit einem gaaaaaanz kurzem „a" gesprochen –, sondern mitunter lebensgefährlich.

6 Die Mundarten Sachsen-Anhalts sind in einem Wörterbuch erfasst.

Vater des „Mittelelbischen Wörterbuchs" ist Karl Bischoff (1905–1983), der Mitte der 30er-Jahre den Auftrag bekam, ein Nachschlagewerke für den Sprachraum Nordharz, Anhalt, Börde, Altmark und Jerichower Land zu verfassen. Der Lehrer ging das Vorhaben generalstabsmäßig an. Er entwarf einen Fragebogen mit 50 Fragen und verschickte ihn in 600 Orte. Mitte der 50er-Jahre – Bischoff war nun Professor an der Universität Halle – entwickelte er einen weiteren Bogen, der auch großzügig versandt wurde. So entstand ein Bestand von 275.000 Zetteln mit rund einer Million Belege für sprachliche Phänomene. Als Bischoff aus politischen Gründen 1958 in die Bundesrepublik ging, endete die Arbeit am Projekt abrupt. Erst 2002 konnten seine Nachfolger den ersten Band des Wörterbuches veröffentlichen. Der dritte und letzte soll 2013 erscheinen.

Eisenbahn

2.200 Kilometer Bahngleise, 370 Bahnhöfe, 16 Bahnunternehmen und jede Menge Fans: Die Eisenbahn ist aus Sachsen-Anhalt schon lange nicht mehr wegzudenken.

① **Seit 1840 transportieren die Eisenbahnen des Landes Güter und Menschen.**

Die älteste Bahnstrecke Sachsen-Anhalts ist die Linie Magdeburg–Köthen–Halle–Leipzig. Sie wurde im August 1840 fertiggestellt. Zugleich war sie die erste länderübergreifende Zugverbindung Deutschlands. Sie führte durch die eigenständigen Staaten Preußen, Sachsen und Anhalt-Köthen. Man könnte sie daher – etwas großspuriger formuliert – auch als erste „internationale Bahnlinie" der Welt bezeichnen. Doch ganz

so heroisch ist die Geschichte nicht. Sie hätte nämlich die erste Bahnlinie Deutschlands werden können, verpasste diese Chance aber durch Kleingeistigkeit. 1829 gab es konkrete Verhandlungen zwischen den Städten Leipzig, Halle und Magdeburg, eine Verbindung zu bauen. Schuld am Platzen des Deals waren die Magdeburger. Sie verpatzten die historische Gelegenheit, weil sie fürchteten, dass die Binnenschifffahrt, an der sie prächtig verdienten, leiden könnte. Das Rennen machten schließlich die Franken. 1835 fuhr der erste Zug von Nürnberg nach Fürth.

In Köthen entstand der erste Eisenbahnknoten Deutschlands.

Am 1. September 1840 ging Köthen in die Annalen der Eisenbahngeschichte ein. An diesem Tag wurde die anhaltische Stadt zum ersten Eisenbahnknoten Deutschlands. Zusätzlich zur bereits seit einem Monat bestehenden Linie „Magdeburg–Köthen–Halle–Leipzig", eröffnete nun die Strecke „Köthen–Dessau", die in den folgenden Monaten bis zum Anhalter Bahnhof in Berlin verlängert wurde. Wegen ihrer zentralen Lage entwickelte sich die Verkehrssituation der Stadt rasant weiter. Bis zur Jahrhundertwende kamen neue Linien, zum Beispiel Richtung Bernburg und Aken, hinzu, so dass Reisende schließlich in sechs unterschiedliche Richtungen aufbrechen konnten. Das Kuriose an der Situation: da die Bahnen von unterschiedlichen Gesellschaften betrieben und zu verschiedenen Zeiten errichtet wurden, gab es in Köthen mehrere Bahnhöfe. Die beiden großen Gesellschaften protzten mit repräsentativen Empfangsgebäuden („Berliner Bahnhof" und „Magdeburger Bahnhof") im klassizistischen Stil. Sie lagen sich direkt gegenüber. Die kleineren Unternehmen betrieben eher kleinere Bahnhöfe. Das Umsteigen zwischen den einzelnen Linien gestaltete sich durch die Zersplitterung relativ schwierig. Ansätze, einen gemeinsamen Hauptbahnhof zu errichten, gab es immer wieder, doch scheiterten sie häufig am „Selbstbewusstsein" der beteiligten Unternehmen. Erst als Folge der von Bismarck forcierten Verstaatlichung aller Bahnen in Preußen wurden die Planungen zum Umbau der Köthener Bahnhofsanlagen allmählich konkret. 1911 nahm man sie schließlich in Angriff. Es entstanden ein neuer Hauptbahnhof im Jugendstil – eröffnet 1916 – und völlig neue Gleisanlagen, die zum Teil drei Meter über dem Niveau der alten lagen. Von den alten Bahnhöfen sind nicht mehr alle erhalten. Einige riss man ab, einer brannte aus. Ungeachtet dessen gilt das historische Bahnhofsviertel Köthens bis heute als einmalig in Deutschland und ist bei Bahnfans äußerst beliebt.

3 Bahnfreunde können auf dem Brocken Höhenluft schnuppern.

Der Brockenbahnhof ist Deutschlands höchste Station, die mit einem klassischen Zug erreichbar ist. Am 27. März 1899 dampfte der erste auf den „deutschesten aller Berge". Damit war er auch für wenig wanderfreudige Touristen erreichbar. Was bequemen Naturfreunden Energie spart, gilt nicht für die Lok. Für die 34 Kilometer lange Strecke von Wernigerode bis zum Gipfel benötigt sie eine Tonne Kohle und 10.000 Liter Wasser. In der über 110-jährigen Geschichte der Linie gab es immer wieder Zeiten, in denen die Räder nicht rollten. Die längste Unterbrechung war mit der deutschen Teilung verbunden. Nach dem Mauerbau im August 1961 wurde die Strecke für die Öffentlichkeit gesperrt. Erst 30 Jahre später, am 15. September 1991, ging es wieder für alle auf den Gipfel. Heute nutzen 750.000 Gäste pro Jahr die Bahn. Die ungewöhnlichsten waren 2004 zwei Kamele.

4 Schmalspurbahnen sind im Land eine ganz große Nummer.

Deutschlands größtes Schmalspurnetz, das gleichzeitig das längste Dampfloknetz Europas ist, liegt größtenteils in Sachsen-Anhalt: Selketalbahn, Harzquerbahn und Brockenbahn bringen es zusammen auf eine Strecke von 140 Kilometern und verbinden Orte wie Wernigerode, Quedlinburg und Nordhausen miteinander. Insgesamt werden 44 Bahnhöfe an-, 400 Brücken über- und ein Tunnel durchfahren. Die Anfänge der einst eigenständigen, heute aber von einem Unternehmen betriebenen Bahnen lagen zwischen 1886 und 1897. Die Entscheidung für eine schmalere Spurweite hatte praktische Gründe: Im unwegsamen Gelände war sie kostengünstiger und technisch einfacher. Auch im Mansfelder Land kann man stolz auf einen Rekord verweisen: Die Bergwerksbahn ist die älteste aktive Schmalspurbahn Deutschlands. Seit 1880 zuckelt sie durch die Gegend. Bestand ihre Aufgabe zunächst im Transport von dort abgebauten Kupfer, beförderte sie ab 1882 auch Personen.

5 Durch die Zerbster Innenstadt ruckelte einst eine Pferdebahn.

6 Bahnlinien mit komischen Spitznamen sind keine Seltenheit.

1891 kam der Fortschritt auf vier Hufen nach Zerbst: Am 2. November des Jahres nahm eine Pferdebahn ihren Betrieb auf. Eine 2,3 Kilometer lange Strecke verband den weit vor der Stadt gelegenen Bahnhof mit dem Marktplatz. Das private Unternehmen galt damals als einer der kleinsten Nahverkehrsbetriebe der Welt. Es umfasste: zwei Pferde, zwei Wagen und zwei Fahrer. Die Zerbster nahmen das Angebot dankend an, so dass schon nach kurzer Zeit weitere Wagen und Pferde angeschafft wurden. Während der Inflationszeit Anfang der 1920er-Jahre ging die Firma jedoch pleite. Zerbst ohne Bahn – das konnten sich einige Bürger nicht vorstellen. Sie gründeten eine Genossenschaft und organisierten den Verkehr selbst. Als eine der letzten Pferdebahnen Deutschlands stellte sie am 1. August 1928 ihren Betrieb ein. Ihre Aufgabe übernahmen Autobusse. Spuren der alten Bahn sind bis heute in Zerbst zu sehen: Entlang der Leopoldstraße liegen noch denkmalgeschützte Gleise.

Einige Bahnen im Land haben ulkige Spitznamen. So gab es beispielsweise ein „Harzkamel". Gemeint waren damit die ab Ende der 1980er-Jahre auf dem Harzer Schmalspurnetz eingesetzten Züge mit umgebauten Dieselloks. Weil die älteren Dampfmaschinen ihren Zenit bereits deutlich überschritten hatten, mussten neue Loks beschafft werden. Innerhalb der sozialistischen Planwirtschaft ein nicht ganz einfaches Unterfangen. Schließlich kamen findige Reichsbahningenieure auf die Idee, Standard-Dieselloks auf Schmalspurniveau umzubauen. Im Januar 1989 machte sich der erste Güterzug auf seine Jungfernfahrt. Durch die Überbreite der Lok im Verhältnis zu ihrem Räderstand schaukelte sie ungewöhnlich stark. Den Lokführern kam es vor, als säßen sie auf einem Kamel. Andere Linien mit Spitznamen waren die „Amerika"-Linie, die „Pfefferminz"- und die „Kanonen"-Bahn. Ihre Namen bezogen sich auf die Hauptgüter, die transportiert wurden. Bei der „Amerika"-Linie waren das natürlich keine Amerikaner – weder echte noch in Kuchenform –, sondern Auswanderer auf dem Weg Richtung USA.

Elbe

Durch kein anderes Bundesland fließt die Elbe – einer der letzten natürlichen Flüsse Europas – über eine so weite Strecke wie durch Sachsen-Anhalt. Es sind genau 302 Kilometer.

 Der prominenteste Deichwärter des Landes war Bismarck.

Von 1846 bis 1851 kümmerte sich Otto von Bismarck (1815–1898) persönlich um die Sicherheit der Elbdeiche in Schönhausen. Er bekleidete das Amt des Deichhauptmanns und engagierte sich kräftig. So wurden auf sein Betreiben hin neue Anlagen errichtet und alte verstärkt. Das Geld besorgte Bismarck durch zähes Ringen mit Magdebur-ger Bürokraten. Dass ihn auch eine Portion Abenteuerlust antrieb, zeigt ein Brief an seine zukünftige Braut. Darin beklagte er sich im Februar 1847, dass bisher nichts Dramatisches passiert sei. Bismarck drohte der Elbe: „Wenn sie alle Jahr so langweilig sanftmütig sein will, wie bisher in diesem, so würde ich das Kommando über ihre Fluten niederlegen." Der Strom nahm sich die Warnung zu Herzen. Wenig später kam es zum Hochwasser, das aber dank der neuen Deiche glimpflich ablief.

Auf der Elbe funktioniert das Übersetzen ohne Lärm und ohne Dreck.

In Sachsen-Anhalt kann man mit Hilfe von elf Gierseil-Fähren die Elbe überqueren. Die ökologisch vorbildlichen Fähren gibt es beispielsweise in Coswig, Aken und Werben. Sie funktionieren enorm kostengünstig und ohne Verbrennungsmotoren, indem sie die Flussströmung ausnutzen. An einer langen Kette befestigt, treiben sie durch geschicktes Steuern von einem Ufer zum anderen. Kein Wunder also, dass die Landesregierung bemüht ist, die umweltfreundlichen Verkehrsmittel zu erhalten. Die Technik stammt aus der Mitte des 17. Jahrhunderts und wurde bereits früh auf der Elbe eingesetzt. 1682 ließ Fürst Johann Georg II. (1627–1693) in Roßlau die erste Gierseil-Fähre über den Strom bauen. Wer es nicht ganz so beschaulich mag: In Sachsen-Anhalt führen auch 22 Brücken und einige Motorfähren über die Elbe.

 In der Elbe tummeln sich heute wieder jede Menge Fische.

Im Bereich der Mittelelbe leben über 50 Fischarten. Darunter zahlreiche Karpfensorten, Forellen, Aale und Maränen. Sogar der bis zu 6 Meter lange Weiße Stör ist vertreten. Ein anderer kulinarischer Leckerbissen befindet sich ebenfalls auf dem Vormarsch: der Atlantische Lachs. Im 19. Jahrhundert war er weit verbreitet und eine Hauptnahrungsquelle. Knechte und Mägde im Fürstentum Anhalt beschwerten sich sogar, dass sie ihn fast täglich vorgesetzt bekamen. Gesindeordnungen legten daher fest, dass es ihn nicht öfter als dreimal pro Woche geben durfte. Durch Industrieabwässer wurde die Wasserqualität der Elbe so schlecht, dass der Lachs fast komplett ausstarb. Lachse sind übrigens richtige Wanderfreunde. Von der Elbe aus schwimmen sie als Jungtiere bis vor Grönland und kehren später wieder heim. Auch andere Elbfische sind viel mobiler als gedacht: Untersuchungen zeigten, dass einige in einem Wandergebiet von bis zu 200 Kilometern leben. Ein Verzehr von ihnen ist nicht komplett unbedenklich. Behörden empfehlen, nicht mehr als ein bis zwei Kilogramm Elbfisch pro Monat zu essen.

In Pretzien schützt ein riesiges Bauwerk vor den Elbfluten.

 Bei Vockerode macht die Elbe einen ein Kilometer großen Hopser.

Seit 1875 stemmt sich Europas größtes Schützentafelwehr im kleinen Örtchen Pretzien gegen gefährliches Elbhochwasser. Jahrhundertelang kam es in der Magdeburger Region regelmäßig zu großen Fluten, bei denen meist hoher Sachschaden und viele Todesopfer zu beklagen waren. Besonders im Frühjahr, wenn der Fluss die Schneeschmelze der Berge Richtung Nordsee trägt, steht Magdeburg immer kurz vor einer Katastrophe. Um die aufstrebende Industriemetropole besser zu schützen, beschloss die preußische Regierung 1869 den Bau eines 18 Kilometer langen Umflutkanals und des Pretziener Wehres. Fünf Jahre dauerten die Arbeiten, dann war die Anlage fertig. Die Ausmaße beeindrucken bis heute: Das Fundament des Wehrs erstreckt sich auf einer Länge von 163 Metern, ist knapp 4 Meter hoch und 7,5 Meter breit. Zwischen den zehn Sandsteinpfeilern sind 324 Schützentafeln angebracht, die sich im Fall des Falles heben lassen. Das passiert, wenn der Pegelstand der Elbe in Barby 5,92 Meter erreicht. Seit 1875 war dies insgesamt 61-mal der Fall. Durch das Öffnen wird rund ein Drittel der Fluten um Magdeburg herumgeleitet.

Manchmal geraten Paddler auf der Elbe ins Staunen über ihre „Superkräfte". Kurz nachdem sie das Kilometerschild „250,5" hinter sich gelassen haben, passieren sie schon Kilometer „252". Grund ist kein plötzlicher Muskelzuwachs, der sie die Strecke zwischen beiden Markierungen in Windeseile überwinden lässt, sondern ein bürokratisches Kuriosum. Bei Vockerode wurde die Elbe zwischen 1928 und 1935 begradigt. Um eine große Halbkurve, die der Fluss hier früher machte, abzukürzen, buddelte man ein neues Bett aus. Da die Kilometrierung für die Elbe von der Quelle bis zur Mündung jedoch seit Ewigkeiten feststand und eine Umkilometrierung aufwendig gewesen wäre, entschlossen sich die Behörden, einfach alles beim Alten zu lassen. Schließlich gibt es stromaufwärts in Sachsen ein ähnliches Wirrwarr: Den Kilometer 121 gilt es gleich zweimal zu paddeln. Grund: Bei der Erstmakierung näherten sich die Preußen mit ihren Schildern von Norden, die Sachsen von Süden. Erst als sie zusammentrafen merkten sie, dass sie sich verzählt hatten und sich die Zuordnungen überschnitten. Seither gibt es Kilometer „121" und „121 A".

Es klapperten Mühlen am rauschenden Fluss – klipp klapp, klipp klapp, klipp ...

Noch vor rund 100 Jahren verrichtete die letzte Schiffsmühle auf der Elbe ihren Dienst. Von der Strömung angetrieben, übertrugen riesige Radschaufeln die Kraft des Flusses ins Innere und trieben die mächtigen Mahlwerke an. Als eine Hochburg der Schiffsmühlen galt Magdeburg. 1425 wurde dort die erste errichtet, um Mehlknappheit im „Brothaus der Hanse" zu verhindern. Um 1700 gab es über 20. Seit dem Jahr 2000 kann man in der Landeshauptstadt einen Nachbau der beeindruckenden technischen Einrichtungen besichtigen. Ganz gefahrlos waren die Mühlen nicht. Da es verboten war, sie direkt am Ufer zu befestigen, ankerten sie in der Flussmitte. Immer wieder kam es zu Unglücken. Besonders im Frühjahr, wenn sich die Elbe in einen reißenden Strom verwandeln kann, rissen sich die Mühlen aus ihrer Verankerung und trieben ab. In Magdeburg führte das am 13. Januar 1777 zur großen Katastrophe. Im heutigen Ortsteil Westerhüsen löste sich eine Schiffsmühle aus ihrer

Sicherung und schwamm unkontrolliert stromabwärts. Auf ihrem Trip zerstörte sie 47 große Elbkähne, 53 Zoll- und Müllerkähne sowie acht andere Schiffsmühlen. Das Aus für die Mühlen kam jedoch nicht durch Unfälle dieser Art, sondern mit einer anderen, heute kurios erscheinenden technischen Neuerung: der Kettenschifffahrt. Ab 1866 wurde auf dem Grund der Elbe eine 668 Kilometer lange eiserne Kette verlegt – von der böhmischen Grenze bis Hamburg. An ihr zogen sich ab 1871 Schiffe entlang. Angetrieben von einer Dampfmaschine, wurde das Seil am Heck der Kähne aufgenommen, über ein Zahnradgetriebe transportiert und am Bug wieder auf Grund gelassen. Kompliziert wurde es bei Gegenverkehr. Dann musste ein Schiff aus der Kette genommen und später wieder eingehangen werden. Trotzdem hatte das System einen Vorteil: Mit Geschwindigkeiten von bis zu 5 km/h war ein Kettenschiff wesentlich schneller als Radschaufeldampfer. Die Strecke von Magdeburg nach Dresden war so in 72 statt 120 Stunden schaffbar. Diesem „Geschwindigkeitsrausch" standen die alten Schiffsmühlen im Weg. Sie wurden kurzerhand verboten.

Erfinder

Viele wichtige Erfindungen der Neuzeit stammen aus Sachsen-Anhalt. Sie eroberten die Welt im Fluge und sind aus dem modernen Leben kaum noch wegzudenken.

 Otto von Guericke war mehr als ein erfindungsreicher Politiker.

Schon zu Lebzeiten galt der Magdeburger Bürgermeister Otto von Guericke (1602–1686) als Universalgenie. Selbst heute erstaunt die unglaubliche Bandbreite seines Schaffens und seiner wissenschaftlichen Interessen. Am bekanntesten ist das Experiment mit den berühmten Magdeburger Halbkugeln. Während einer Sitzung des Reichstages in Regensburg verblüffte Guericke 1654 die Anwesenden mit dem Nachweis der Existenz eines Vakuums und des Luftdrucks. Dazu presste er zwei etwa 50 Zentimeter große Halbkugeln aneinander, pumpte die Luft aus ihrem Zwischenraum und ließ von beiden Seiten jeweils 8 Pferde an den Kugelhälften zerren – ohne dass die Kugeln getrennt werden konnten. Den spektakulären Versuch wiederholte er später in seiner Heimatstadt vor großem Publikum. Ein wichtiges „Nebenprodukt" dieses praktischen Theoriebeweises: Guerickes Erfindung der Luftpumpe. Auch eine andere Schöpfung des Bürgermeisters ist bis heute im Gebrauch: das Barometer.

 Jacob Christian Schäffer aus Querfurt erfand die Waschmaschine.

 Ernst Albert Naether aus Zeitz bastelte einen der ersten Kinderwagen.

Dass die Waschmaschine bereits 1767 erfunden wurde, sollte die meisten überraschen – nimmt man doch gemeinhin an, sie sei ein modernes Gerät. Noch mehr erstauen dürfte, dass ihr Erfinder Jacob Christian Schäffer (1718–1790) aus Querfurt in Sachsen-Anhalt kam. Womit jedoch mit ziemlicher Sicherheit keiner rechnet: Der Waschmaschinen-Ausdenker war ein PR-begabter Pastor mit weitschweifenden Interessen im Bereich Botanik, Ornithologie und Mykologie. 1766 las er in der Zeitung, dass es in England den Versuch gab, eine Maschine zur Erleichterung der Wascharbeit zu konstruieren. Schäffer begeisterte sich für die Idee und grübelte. Ein Jahr später präsentierte er der Öffentlichkeit eine Broschüre mit dem Titel „Die bequeme und höchstvorteilhafte Waschmaschine". Um dem Projekt Nachdruck zu verleihen, schrieb er gleich noch eine zweite mit selbstausgedachten Lobeshymnen, die angeblich von begeisterten Hausfrauen stammten. Schäffers Modell fand reißenden Absatz. Er verkaufte 60 Stück. Auch deshalb warnten Kritiker öffentlich davor, dass nun Waschweiber arbeitslos würden.

Wem die Ehre gebührt, der Erfinder des Kinderwagens zu sein, ist zwischen Deutschen und Engländern umstritten. Während die Briten glauben, er sei eine Entwicklung des einst in London lebenden Amerikaners Charles Burton, geht man in Deutschland davon aus, dass der Zeitzer Ernst Albert Naether (1825–1894) die Idee dazu hatte. Die Fakten: 1852 ließ sich Burton seinen „Perambulator" patentieren. Im gleichen Jahr präsentierte auch Naether auf der Leipziger Messe seinen ersten Wagen. Zudem gibt es Hinweise in der zeitgenössischen Zeitzer Lokalpresse, dass er bereits zwei Jahre zuvor ein ähnliches Gerät vorstellte. Damit wäre Naether der Erfinder. Anhänger Burtons haben aber noch ein weiteres Argument in der Tasche: Angeblich produzierte ihr Idol schon 1848 in New York einen Kinderwagen, musste aber aus der Stadt verschwinden, nachdem es zu Zusammenstößen mit Fußgängern kam. Egal, welche Geschichte stimmen mag – Fakt ist: Zeitz entwickelte sich schnell zu *dem* Zentrum für Kinderwagen auf dem europäischen Festland. Um 1900 gab es dort etwa 20 florierende Unternehmen.

4 Friedrich Koenig aus Eisleben baute die erste Druckmaschine.

Am 29. November 1814 erschien in der Londoner Tageszeitung „The Times" ein Leitartikel in eigener Sache. Der staunenden Leserschaft verkündete die Redaktion eine technische Neuerung. Die Zeitung würde von nun an von einer Dampf getriebenen Druckmaschine gefertigt, die kaum noch menschliche Arbeitskraft brauche und innerhalb von einer Stunde 1.100 Exemplare drucken könne. Zum Erfinder hieß es kurz und bündig, er sei Sachse und habe den Namen Koenig. Gemeint war der aus Eisleben stammende Friedrich Koenig (1774–1833), der sich jahrelang mit großer Leidenschaft der Konstruktion von Druckmaschinen verschrieben hatte. 1806 war Koenig nach London gezogen, weil er nur dort seine Ideen ausführen konnte. Die britische Hauptstadt stellte damals das industrielle Herz der Welt dar. Für Koenig ein richtiger Schritt: Zusammen mit dem Stuttgarter Andreas Bauer konnte er seine zuvor in Deutschland erdachten Modelle umsetzen und verbessern.

5 Wilhelm Weber aus Wittenberg konstruierte den ersten Telegraphen.

Heute ist er fast vergessen, doch der in Wittenberg geborene, in Bad Schmiedeberg und Halle aufgewachsene Physiker Wilhelm Weber (1804–1891) ist für eine der wichtigsten Revolutionen in der Nachrichtenübermittlung verantwortlich. Zusammen mit dem befreundeten Mathematiker Carl Friedrich Gauß (1777–1855) baute er 1833 in Göttingen den ersten elektromagnetischen Telegraphen. Am Osterfest schickten sie durch selbstverlegte Kupferdrähte das erste Telegramm der Welt. Vom Physikalischen Institut zur Sternwarte übermittelten sie in einem das Morsealphabet vorwegnehmendem Code: „Michelmann kommt." Michelmann war der Institutsdiener. Von dieser Pioniertat inspiriert wurde ein Göttinger Bank-Azubi: Israel Beer Josaphat. Unter dem Namen Paul Julius Reuter baute er einige Jahre später „Reuters", die erste Nachrichtenagentur der Welt, auf.

6 Adolph Frank aus Klötze erfand zwei Dinge: Kunstdünger und Bierflaschen.

Adolph Frank (1834–1916) aus Klötze in der Altmark erwies der Welt nicht nur einen großen Dienst, indem er Kunstdünger erfand – sondern auch die neuartige Bierflasche. Der Sohn eines jüdischen Kaufmanns zog mit 20 Jahren nach Berlin, um dort Pharmazie, Chemie und Technologie zu studieren. Während er an seiner Doktorarbeit schrieb, arbeitete er in der Staßfurter Zuckerfabrik. Dort gelangen ihm zahlreiche Erfindungen und Entdeckungen. Eine seiner wichtigsten Errungenschaften datiert auf das Ende des 19. Jahrhunderts. Gemeinsam mit dem Chemiker Nikodem Caro suchte Frank einen Weg, um Cyanid herzustellen. Das wurde damals dringend für die Gewinnung von Edelmetallen gebraucht und versprach eine Menge Profit. 1895 gelang ihnen eine vielversprechende Synthese – doch die Freude war verfrüht. Drei Jahre später stellte sich nämlich heraus, dass nicht wie erhofft Cyanid entstand, sondern Calciumcyanamid, besser bekannt als Kalkstickstoff. Was aber sollte man damit anfangen? Wieder vergingen drei Jahre, bis Adolf Franks Sohn Albert auf die Idee kam, den Kalkstickstoff als Pflanzendünger zu verwenden. Als zusätzlicher Vorteil stellte sich heraus, dass der Wachstumsbeschleuniger gleichzeitig gegen Unkräuter, Schadpilze und tierische Schädlinge wirkte. Nicht verwunderlich also, dass der Kunstdünger ein weltweiter Erfolg wurde. Verkauften sich im Jahr 1910 rund 30.000 Tonnen, erreichte die Produktion 1928 schon 1,2 Millionen Tonnen. Auch auf anderen Gebieten forschte Frank intensiv. So arbeitete er mit dem berühmten Carl von Linde an einem Verfahren zur Gewinnung von Wasserstoff für die Luftschifffahrt und beschäftigte sich mit der industriellen Produktion von Schwefelsäure und Ammoniak. Bleibende Anerkennung erwarb sich Frank bei Bierfreunden. Als Chef der Charlottenburger Glashütte führte er die ersten braunen Bierflaschen in Deutschland ein. Grund: Durch die Färbung des Glases dringt nur wenig Licht zum Gerstensaft – er behält seinen Geschmack.

Feuerwehr

Nicht nur in den Dörfern des Landes gehört sie zum Ortsbild wie Kirche und Bushaltestelle – die Freiwillige Feuerwehr. Tausende Ehrenämtler werden in ihrer Freizeit zu Helfern und Lebensrettern.

 Im Brandfall helfen meist die Freiwilligen Feuerwehren.

In Sachsen-Anhalt gibt es lediglich drei Berufsfeuerwehren. Sie sind in Magdeburg, Halle und Dessau stationiert. Um den Rest des Landes kümmern sich die 1.688 Freiwillige Feuerwehren mit ihren rund 60.000 ehrenamtlichen Mitgliedern. Die 18 Werksfeuerwehren – eine im Vergleich zu anderen Bundesländern hohe Zahl – sind vor allem in den Chemiewerken aktiv.

 Die Bernburger modernisierten ihr Brandwesen als Erste.

Die erste Feuerwehr des Landes wurde 1854 in Bernburg gegründet. Damit ist sie eine der ältesten Deutschlands und nur drei Jahre jünger als ihr Berliner Gegenstück, das als erste Berufswehr Deutschlands gilt. Andere Orte, die früh eine eigene Wehr hatten, waren Wernigerode und Stendal. Bis dahin waren alle Einwohner beim Brandlöschen dabei – mit zum Teil chaotischen Folgen.

 Die Frauenquote bei den Wehren im Land ist relativ hoch.

Der Anteil der aktiven Frauen bei den Freiwilligen Feuerwehren in Sachsen-Anhalt ist vergleichsweise stark. Er liegt bei 15%. Zum Vergleich: In den westdeutschen Bundesländern sind es nur rund 8 %.

 In Tangermünde steht ein Denkmal für eine angebliche Brandstifterin.

Unter dem Vorwurf, die Stadt angezündet zu haben, wurde das junge Mädchen Grete Minde am 22. März 1619 auf dem Scheiterhaufen hingerichtet. Sie soll aus Rache über einen verlorenen Erbstreit gehandelt haben. Heute steht fest: Minde war unschuldig. Ihre Geschichte wurde durch Theodor Fontane (1819–1898) in einer Novelle literarisch verewigt.

 In der Hansestadt Stendal gibt es ein Landesfeuerwehrmuseum.

Neben alten Uniformen, Pumpen und Fahrzeugen kann ein besonderes Highlight bestaunt werden: eine Ausstellung zum Thema Bahnfeuerwehren.

6 Die stärkste Wehr des Landes wird jedes Jahr im August in Schopsdorf gekürt.

Beim Spaßwettbewerb müssen sich die Recken in Disziplinen wie „Auto umkippen", „Gehwegplattenstapeln" und „LKW ziehen" beweisen. Zwischen den einzelnen Stationen wird ein Feuerwehrmann in einer „Schweinekiste" getragen. Der Lohn für Platz 1 lässt sich sehen: Neben einem Pokal vom Landrat gibt es 150 Euro und 8 Kisten Bier.

Fliegerei

Einige Menschen aus Sachsen-Anhalt wollten hoch hinaus und schufen so Großes: Das Land ist eine Wiege der Fliegerei und bis heute Heimat von Flug-Visionären.

1 **Der erste Deutsche, der in die Luft ging, kam aus Sachsen-Anhalt.**

Friedrich Wilhelm Jungius (1771–1819) aus Alsleben war der erste deutsche Ballonfahrer. Am 16. September 1805 stieg der Sohn eines Pastors in Berlin in seinen selbstgebauten Ballon und fuhr auf eine Höhe von 6.500 Metern. Der erste derartige Flug, 1783 von den Brüdern Montgolfier in Paris durchgeführt, lag da schon einige Zeit zurück, aber in Deutschland hatte noch niemand gewagt, das Experiment zu wiederholen. Dass es dafür Gründe gab, zeigte Jungius´ Jungfernfahrt. Wegen akuten Sauerstoffmangels verlor der Pionier, der sein Geld als Gymnasiallehrer verdiente, während des Aufstieges kurzzeitig das Bewusstsein. Als dann auch noch die Ballonhülle riss, musste der junge Abenteurer notlanden. Ruhm und Ehre konnte ihm trotzdem niemand nehmen. Königin Luise von Preußen bat ihn sogar um eine Mitfahrgelegenheit und die Regierung verlieh ihm den Professorentitel.

8 Meter

60 Meter

2 **In Magdeburg startete das erste von einem Motor angetriebene Flugzeug.**

Den Zuschauern, die am 28. Oktober 1908 den waghalsigen Piloten und Konstrukteur Hans Grade (1879–1946) beim Testflug seines Dreideckers beobachteten, bot sich ein kurioses, atemberaubendes und gleichzeitig historisches Schauspiel. Auf dem Cracauer Anger, einer Elbaue gegenüber der Magdeburger Innenstadt, gelang Grade der erste deutsche Motorflug. Auch wenn die Landung ziemlich unsanft verlief und der Begriff „Flug" vielleicht etwas übertrieben ist – die Höhe betrug 8 Meter, die Gesamtstrecke 60 Meter: Der große Hopser war eine bewundernswerte Pioniertat. Über viele Jahre hatte sich der Ingenieur auf diesen Moment vorbereitet. In seinen 1905 in der Elbestadt gegründeten Grade-Motoren-Werken

sann er lange über leichte, aber kraftvolle Motoren nach. Darauf und auf sein Talent wurde die Kaiserliche Armee aufmerksam. Als Soldat im Magdeburger Pionierbataillon konnte Grade 1907/08 seine Experimente mit finanzieller „Schützenhilfe" fortsetzen, so dass er in dieser Zeit mit dem Bau seines ersten Dreideckers begann. Dem Jungfernflug folgten später weitere Versuche. Auf dem Magdeburger Exerzierplatz gelangen Grade Strecken bis zu 700 Metern. Fast genau ein Jahr nach seinem Erstflug präsentierte er der Öffentlichkeit auf dem Flugplatz Berlin-Johannisthal seinen Eindecker „Libelle". Damit flog Grade in 2 Minuten 43 Sekunden eine 2,5 Kilometer lange Strecke in Form einer liegenden Acht. Die Anstrengung lohnte sich – er konnte den mit der damals beträchtlichen Summe von 40.000 Mark dotierten „Lanz-Preis der Lüfte" einsacken.

③ Dessau war ein weltweit bedeutendes Zentrum der Flugzeugindustrie.

Verantwortlich für die herausragende Stellung: Hugo Junkers (1859–1935). Am Niederrhein geboren, zog er 1895 nach Dessau und gründete seine erste Fabrik. Nicht für Flugzeuge, sondern für Badeöfen. Aufsehen erregte er in der Muldestadt trotzdem, denn er stattete sein Werksgebäude mit einer riesigen Leuchtreklame aus – eine der ersten ihrer Art in Mitteldeutschland. Auch seine Produkte waren innovativ. Junkers erfand wichtige Apparaturen, die bis heute benutzt werden, wie beispielsweise Wärmetauscher-Vorrichtungen. Kurz nach dem Beginn seiner Unternehmertätigkeit wurde Junkers zusätzlich zum Professor an der Technischen Hochschule in Aachen ernannt. Während er dort seiner praxisnahen Forschung und Lehre nachging, führte er gleichzeitig sein Dessauer Unternehmen erfolgreich fort. Dessen Produktvielfalt stieg stetig, genau wie die Anzahl der Fabrikhallen. Junkers Aachener Tätigkeit führte 1908 zur entscheidenden Wendung in seinem Berufsleben. Ein befreundeter Professorenkollege beschäftigte sich intensiv mit Flugversuchen. Junkers ließ sich vom Flieger-Virus anstecken und brachte es schnell zu aufsehenerregenden Ideen. So entwickelte er ein aerodynamisches Konzept, das den Flugzeugbau komplett revolutionierte: freitragende Tragflächen. 1915 gab Junkers seine Wissenschaftskarriere auf und widmete sich nun ausschließlich der Flugzeugkonstruktion. In Dessau entstanden von nun an Flugzeuge, die weltweit ihresgleichen suchten. 1915 hob die J-1, sein erstes Flugzeug, ab; 1919 die F-13, das erste Ganzmetall-Verkehrsflugzeug, ausgestattet mit einer Kabine für vier Passagiere. Nach zahlreichen weiteren Modellen folgte schließlich 1933 die Ju-52, der bis heute unsterbliche Klassiker – besser bekannt als „Tante Ju". Junkers startete sogar eine eigene Flugesellschaft, die ganz Mittel- und Nordeuropa im Linienverkehr abdeckte und zur Keimzelle der heutigen Lufthansa wurde. Mit der Machtübernahme der Nationalsozialisten wurde Junkers 1933 aus seinem Unternehmen gedrängt. Zwar produzierte man bis 1945 in Dessau Flugzeuge – vor allem Kampfflieger – unter seinem Namen, der geniale Ingenieur hatte damit jedoch nichts mehr zu tun. Er starb zurückgezogen in Bayern.

4. Die Magdeburger wollten die erste bemannte Rakete ins All schießen.

In Magdeburg sollte am 29. Juni 1933 die erste bemannte Rakete der Welt ins All starten. Idee und Technik stammten vom Raketenpionier Rudolf Nebel (1894–1978) und seinem Team, zu dem auch Wernher von Braun gehörte. Einer der Förderer des utopischen Projekts war der Magdeburger SPD-Bürgermeister Ernst Reuter (1889–1953). Reuter – der später Regierender Bürgermeister von West-Berlin war – und die Magdeburger Stadtverordneten versprachen sich von dem Projekt Werbung für ihren Ort. Für 35.000 Mark kauften sie die Austragungsrechte. Als Höhepunkt eines Volksfestes sollte ein Mensch ins All fliegen. Aus Angst verzichtete der Testpilot jedoch auf seine Teilnahme. Zum Glück. Die 6,5 Meter hohe Rakete verkantete sich beim Start, raste schräg in die Luft und stürzte bereits nach 10 Sekunden ab.

5. Vielleicht bald keine Fiktion mehr: Per Sachsen-Anhalter in die Galaxis.

Wenn alles klappt, geht es demnächst vom ehemaligen sowjetischen Militärflughafen Cochstedt aus ins Weltall. Die Cochstedter werkeln nämlich im Moment an zwei unterschiedlichen, raketengetriebenen Flugzeugen. Ihre kleinere „Black Sky" dient zunächst als Forschungs- und Versuchsflugzeug für die Entwicklung der großen Schwester „Enterprise". Mit zwei Sitzen ausgestattet, erreicht sie eine maximale Flughöhe von 35 Kilometern. In einem Parabelflug kommt sie so in Regionen, in der die Erdanziehungskraft nicht mehr wirkt. Folge: Für ungefähr 40 Sekunden erleben Pilot und zahlender Passagier (Ticketpreis: rund 150.000 Euro) eine Phase der Schwerelosigkeit. Ab 2013 soll die „Enterprise" abheben. In ihr können dann bis zu 6 Touristen in maximal 110 Kilometer Höhe entfliehen und bis zu 4½ Minuten schwerelos sein. Ob es wirklich dazu kommt, bleibt abzuwarten. Eine wichtige Hürde haben die Cochstedter schon genommen: Der Promi-Gastronom Gerd Käfer ist offizieller „Kulinarischer Intendant" des Unternehmens und bereits fleißig am Zusammenstellen des „Space-Menüs".

Fußball

Auf dem Rasen, der für manchen die Welt bedeutet, geht es auch in Sachsen-Anhalt turbulent zu. König Fußball ist Volkssport Nummer eins.

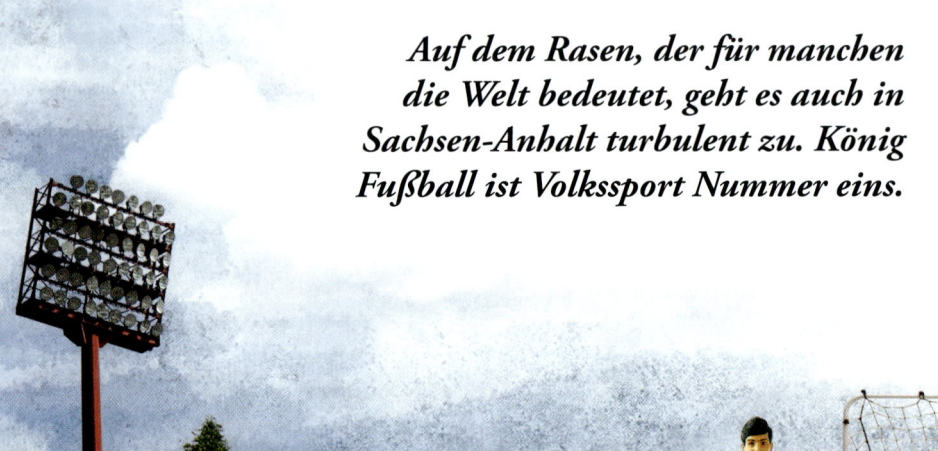

 Jedes Wochenende wird auf den Sportplätzen des Landes kräftig gebolzt.

 Die erfolgreichste Fußball-mannschaft des Landes ist der 1. FC Magdeburg.

In Sachsen-Anhalt gibt es rund 850 Fußballvereine mit zusammen etwa 95.000 Mitgliedern. Sie sind in 4.200 Mannschaften organisiert und treffen sich pro Sasion zu zirka 50.000 offiziellen Spielen. Damit es dabei auch immer schön gesittet zugeht, sorgen 2.000 Schiedsrichter für Ordnung auf dem Platz. Unter den Schiris gibt es mittlerweile über 50 Frauen.

Der größte Erfolg gelang dem Verein 1974. Damals gewann er den Europa-pokal der Pokalsieger. Die glorreichen Zeiten sind allerdings längst vorbei. Heute kämpfen die Magdeburger um den Aufstieg in die 3. Liga. An den Fans liegt´s nicht. Zu den FCM-Spielen kommen durchschnittlich 8.600 Zuschauer. Der Ligadurchschnitt liegt dagegen bei nur 1.500.

Der berühmteste Fußball-spieler Ostdeutschlands kommt aus Sachsen-Anhalt.

Nur ganz wenige Tore der Fußball-geschichte gehen in die Ewigkeit ein und verbinden sich mit dem Namen des Torschützen. Beim „Sparwasser-Tor" weiß fast jeder, was gemeint ist. Der Halberstädter Jürgen Sparwasser schoss im Vorrundenspiel der Fußball-weltmeisterschaft 1974 im einzigen deutsch-deutschen Nationalelf-Duell das legendäre Siegtor. Auch wenn die DDR-Mannschaft im Verlauf der WM ausschied und die Bundesrepublik am Ende Weltmeister wurde – für viele Ost-deutsche ist das Tor bis heute legendär.

 Der Hallesche FC wurde auf tragische Weise um den Erfolg gebracht.

Anders als dem ewigen Rivalen aus Magdeburg war dem Halleschen FC der internationale Erfolg nie vergönnt. 1971 sollte das Team im UEFA-Cup auswärts gegen den PSV Eindhoven antreten, da geschah das Unglück: Am Tag vor dem Spiel kam es im Mannschaftshotel zu einer Brandkatastrophe. Elf Menschen starben, darunter ein HFC-Spieler. Die Hallenser sagten die Begegnung ab und schieden aus dem Wettbewerb. 35 Jahre später trafen sich beide Mannschaften zu einem Freundschaftsspiel. Halle verlor jedoch 0:3.

 Frauen und Fußball sind schon lange kein Widerspruch mehr.

Das erste Team des Frauenfußballclubs Magdeburg ist das erfolgreichste des Landes. Die Mannschaft spielt in der 2. Bundesliga. Für Nachwuchs ist in Sachsen-Anhalt ausreichend gesorgt. Beim jährlichen Mädchenfußballtag nehmen bis zu 500 Fußballerinnen teil und krönen aus ihren Reihen eine Elfer-Queen, eine Flankengöttin und eine Jonglierkönigin.

 Die Magdeburger wollten den Fußball mal neu erfinden.

1896 entwickelte der „Ring Magdebur-ger Fußball-Vereine" neue Spielregeln – eine Mischung aus klassischem Fußball und Rugby. Damit wollten die Dom-städter das Spiel mit den englischen Wurzeln der „deutschen Mentalität" anpassen. Dass dieses Ansinnen ziemlich unnötig war, zeigte sich bald. Weil zwei Jahre keiner nach Magdeburger Regeln kicken wollte, ließen sie die Idee fallen.

Geld & Münzen

Seit 2002 zahlen die meisten Europäer mit der Gemeinschaftswährung Euro. Was heute einheitlich ist, war früher ein einziges Wirrwarr. Allein in Sachsen-Anhalt existierten unzählige Währungen.

 Ein Magdeburger Bischof zeigte sich in Gelddingen als Schlitzohr.

Erzbischof Wichmann von Magdeburg (1116–1192) gilt als einer der bedeutendsten Erzbischöfe seiner Zeit. Eingesetzt von Kaiser Barbarossa, sicherte er der Kirche mit seinem weitsichtigen Handeln für viele Jahrhunderte die Macht in Mitteldeutschland. Mit einer umfassenden Kolonialisierung der ostelbischen Gebiete erreichte Wichmann die unangefochtene Hoheit über alle religiösen, wirtschaftlichen und politischen Belange. Seine Siedlungsanstrengungen und großartigen Kirchenbauten finanzierte der fromme Gottesmann durch irdische Schlitzohrigkeit. Als Münzherr ließ er zweimal pro Jahr neues Geld prägen. Es erschien jeweils am 4. Fastensonntag vor Ostern und an Mariä Himmelfahrt. Die alten Münzen verloren bei dieser Aktion immer ihre Gültigkeit und mussten umgetauscht werden. Bei der sogenannten Verrufung gab es für 12 alte Münzen 9 neue. Den stolzen Gewinn von 25 Prozent steckte sich Wichmann ein. Über 70 unterschiedliche Prägungen sind von ihm bekannt. Zum Vergleich: Die meisten anderen Münzherren gaben in ihrer Amtszeit nur eine einzige Prägung heraus, die erst nach ihrem Tod vom Markt genommen wurde. So sah es damals das Gesetz auch vor.

 Stolberg im Harz war einmal einer der wichtigsten Münzorte.

 Einige Münzen der Region hatten ungewöhnliche Namen und Funktionen.

Das Prägen von Münzen hat in Stolberg eine lange Tradition und seine Ursache in den reichen Silberstätten, die einst im Harz ausgebeutet wurden. Über 1.500 unterschiedliche Stolberger Münzprägungen sind bekannt. Die ersten – sogenannte Brakteaten – entstanden im 13. Jahrhundert und zeigen Hirsche oder deren Geweih. Einen ersten Höhepunkt erlebte die Prägekunst Ende des 14. Jahrhunderts. Damals pachtete die Stadt das Münzrecht. 1467 übernahm Heinrich von Stolberg das Privileg und stellte Münzen mit seinem Wappen her. Bis weit ins 18. Jahrhundert gingen Stolberger dem Handwerk nach. Erst durch die Einführung großer Währungen endete die Tradition. Einen Einblick in die reiche Geschichte gewährt die „Alte Münze". Durch eine glückliche historische Fügung ist die Münzstätte im Zustand des 18. Jahrhunderts komplett erhalten geblieben, während die Geräte sonst fast überall verloren gingen oder eingeschmolzen wurden.

In Halberstadt wurde im 13. Jahrhundert ein „Sargpfennig" geprägt. Er diente jedoch nicht dazu, das letzte Möbelstück zu bezahlen. Die Bezeichnung geht auf das Münzbild zurück. Der Pfennig zeigt den Heiligen Stephan in eckiger Darstellung; sein Gesicht ähnelt dem eines Skelettes. Der Volksmund spottete, es sehe aus, als läge Stephan in einem Sarg – die Münze hatte ihren Namen weg. Eine richtige Spottmünze ließ Herzog Christian von Braunschweig (1599–1626), genannt „der tolle Halberstädter", 1622 prägen. Diese besondere Geldform war normales Zahlungsmittel, besaß aber eine satirische, manchmal auch bösartige Darstellung, um sich über Personen oder Ereignisse lustig zu machen. Die Münze des Halberstädter Bischofs trug den Namen „Pfaffenfeindtaler" beziehungsweise „Gottesfreundtaler". Grund: Auf der Vorderseite stand „Gottes Freundt, der Pfaffen Feindt". Als Material dienten dem Protestanten erbeutete katholische Kirchenschätze.

4 Ein Köthener Heilpraktiker gab 1854 sein eigenes Geld heraus.

Dr. Arthur Lutze (1813 –1870) hatte ein Problem: Als treuer Anhänger und selbsternannter Erbe des Homöopathie-Erfinders Samuel Hahnemann wollte er in Köthen, der letzten großen Wirkungsstätte des Mediziners, ein Sanatorium errichten. In dem Gesundheits- und Wellnesstempel sollte ausnahmslos nach Hahnemanns sanften Methoden agiert werden. Doch Lutze fehlte das nötige Großgeld. Schließlich kam er auf die Idee, Schuldscheine im Stil eines Privatgeldes herauszugeben. 1854 ließ er 100.000 Lutze-Thaler drucken. Vor allem dankbare Patienten und Anhänger der Homöopathie kauften das Geld, dass einige Jahre später zinslos in echte Mark zurückgetauscht wurde. Auf diese Weise kam die benötigte Summe für das Sanatorium zusammen.

5 Bei Halberstadt wurde das gesamte Bargeld der DDR versteckt.

Im ausgedehnten Stollensystem der Thekenberge bei Halberstadt verschwanden 1991 die ausrangierten Geldscheine der DDR. Von Thomas Müntzer (5 Mark), über Clara Zetkin (10 Mark) und Johann Wolfgang von Goethe (20 Mark) hin zu Marx (100 Mark) und Engels (50 Mark) – bei unangenehmen Temperaturen und hoher Luftfeuchtigkeit sollten die Scheine des untergegangenen Staates – insgesamt rund 100 Milliarden DDR-Mark mit einem Gewicht von 3.000 Tonnen – verrotten. Zur Sicherheit kippten die Verantwortlichen einige Fässer Buttersäure über das Ganze, um den Zersetzungsprozess zu beschleunigen. Der Stollen wurde zugemauert und die Anlage bis 1995 militärisch gesichert. Dann, so lautete zumindest der Plan, sollte sich die Sache erledigt

haben. Das Gelände wurde an einen privaten Unternehmer verkauft. Nur gelegentlich wunderten sich Sammler und Münzhändler über nach Erbrochenem stinkende Geldscheine. Als plötzlich 200- und 500-Mark-Scheine auftauchten, war klar: Jemand musste in den Geheimbunker eingedrungen sein und die historischen Banknoten entwendet haben. Beide Notensorten waren nämlich nie in Umlauf gebracht worden. Sie kamen völlig unbenutzt in den Stollen. Die Kreditanstalt für Wiederaufbau, als Rechtsnachfolger der DDR-Staatsbank, schickte einen Ermittler nach Halberstadt, der recherchieren sollte, woher die Scheine stammten. Er fand heraus: Zwei Halberstädter hatten einen Stollenzugang gefunden und die begehrten Raritäten eingesackt. Um weitere Diebstähle zu verhindern, wurde 2002 das Ostgeld in 298 Container gepackt und in einer niedersächsischen Müllverbrennungsanlage vernichtet.

In Sachsen-Anhalt lässt sich mit zwei regionalen Geldsorten shoppen.

Gleich zwei neue Währungen haben sich im Land etabliert. Der „Urstromtaler" aus dem Jerichower Land gilt seit dem 3. Oktober 2004 als Zahlungsmittel. Die Idee kam einem Rechtsanwalt. Weil einige seiner Mandanten die Rechnungen nicht zahlen konnten, überlegte er sich eine Lösung, mit dem auf regionaler Ebene ein Tauschhandel organisiert werden konnte. Fünf Jahre später hat sich der Urstromtaler durchgesetzt – mittlerweile gibt es ihn sogar als Münze. Einen ganz ähnlichen Ansatz, kleine Unternehmen durch eine regionale Währung zu vernetzen und zu unterstützen, verfolgt auch das Wittenberger „Engelgeld". Es hat sich sogar weit über die Grenzen Sachsen-Anhalts ausgebreitet und wird unter anderem in Berlin, Bayern und Hessen akzeptiert.

Gesundheit

10.570 Ärzte, 2.327 Zahnärzte und 1.600 Apotheker – insgesamt rund 55.300 Menschen kümmern sich im Land um Kranke und Pflegebedürftige.

 Aus Quedlinburg kam die erste deutsche Ärztin mit Doktorhut.

Für ihren medizinischen Doktortitel musste Dorothea Christiane Erxleben (1715–1762) stark kämpfen, denn Frauen war damals der Zugang zu akademischen Weihen versperrt. Ihr Vater, ein in Quedlinburg praktizierender Arzt, hatte sie im ärztlichen Handwerk unterrichtet. Dabei zeigte sich, dass die junge Frau außerordentlich begabt war. Deshalb versuchte ihr Vater beim preußischen König Friedrich II. (1712–1786) eine Sondergenehmigung zu erwirken,

die es ihr erlaubt hätte, einen Abschluss an der Universität Halle zu machen. Wider Erwarten wurde das Gesuch 1741 bewilligt. Einige Jahre und eine gelehrte Abhandlung später bestand Dorothea Christiane Erxleben die universitären Prüfungen mit Bravour und konnte sich als erste Frau in Deutschland mit Doktorhut und -titel schmücken. Den Neid ihrer männlichen Kollegen gab es unverlangt obendrauf. Besonders in ihrer Heimatstadt Quedlinburg wurde sie von missgünstigen Standesgenossen gegängelt und bei staatlichen Stellen als Pfuscherin verleumdet. Ihrem guten Ruf bei Patienten schadete es nicht.

2 In Uchtspringe entstand die erste moderne Nervenklinik der Welt.

1894 wurde die vom Arzt Konrad Alt (1861–1922) konzipierte und geleitete Anstalt eröffnet. In ihr setzte er seine zahlreichen wissenschaftlichen Erkenntnisse über „Irrenpflege" – so wurde damals die Psychatrie bezeichnet – um. Alt führte unter anderem eine geregelte Ausbildung für Pfleger ein und forcierte die Betreuung von Behinderten in familiärer Umgebung.

3 Köthen gilt bis heute als Hauptstadt der Homöopathie-Bewegung.

Ursache für den Ruhm ist das Wirken von Samuel Hahnemann (1755–1843). Der Begründer der sanften Heilkunst lebte und praktizierte lange in der damaligen Residenzstadt. Seine ärztliche Karriere begann in Hettstedt. Dort eröffnete 1780 seine erste Praxis, während er sich nebenher in Dessau zum Apotheker ausbilden ließ. 1796 veröffentlichte der Alternativmediziner zum ersten Mal die Grundprinzipien der Homöopathie. Diese und der gute Ruf Hahnemanns führten 1819 zur Berufung zum Leibarzt von Herzog Friedrich Ferdinand von Anhalt-Köthen (1769–1830). Der Regent förderte mit außerordentlich hohem Engagement die neue Heilkunst und machte seine Residenzstadt zum weltweiten Zentrum der Bewegung. Privat sorgte der hochbetagte Mediziner Hahnemann 1835 für einen kleinen Skandal: Als 80-Jähriger heiratete er eine 35 Jahre alte ehemalige Patientin – die französische Malerin Melanie D'Hervilly. Gemeinsam zogen sie nach Paris, wo Hahnemann einige Jahre später verstarb. Sein originales Sterbebett kann im Köthener Schloss besichtigt werden. Hahnemanns Vermächtnis wird in der Stadt nicht nur museal gepflegt. Die Gemeinde ist die weltweit erste, die die Förderung der Homöopathie als Ziel in ihrem Stadtentwicklungskonzept festgeschrieben hat. Zudem haben zahlreiche wissenschaftliche Institutionen und Stiftungen dort ihren Sitz genommen.

 Deutschlands berühmtester Quacksalber lebte und praktizierte in Magdeburg.

Um den Ruf von Johann Andreas Eisenbart (1663–1727), besser bekannt als „Dr. Eisenbart", stand und steht es nicht gerade zum Besten. Als Wund-, Wunder- und Wanderheiler reiste er in der Barockzeit von Ort zu Ort, um Menschen von ihren körperlichen Leiden zu befreien. Besonders als „Star-Stecher" – einer rabiaten Behandlungsmethode zur Heilung der Augenkrankheit „Grauer Star" – tat sich der Mediziner hervor. Mit einem selbst erfundenen Gerät bewies er außerordentliche Fähigkeiten. Genauso viel Geschick zeigte Eisenbart in Sachen Selbstreklame. Um seine potenziellen Patienten auf sich aufmerksam zu machen, zog er mit einer Gauklertruppe über die Marktplätze. Bis zu 120 Akrobaten, Clowns und Musikanten begleiteten den Mediziner bei seinen Auftritten – insgesamt ein einträgliches Geschäft. Für 65 Orte in ganz Deutschland sind Besuche Eisenbarts belegt. Zehn Fürsten stellten ihm Privilegien aus, die ihn zum offiziellen Landarzt ihres Herrschaftsbereiches erklärten. Gleich zwei preußische Könige machten ihn zum Hofarzt für Augenheilkunde.

Von seinem auf Wanderschaft verdienten Geld kaufte sich Eisenbart 1703 das Magdeburger Bürgerrecht und ein repräsentatives Patrizierhaus in der Innenstadt. Ständig sesshaft war er in der Elbmetropole natürlich nicht. Er zog weiter mit seiner bunten Truppe übers Land. In Magdeburg erinnert heute ein Denkmal an den wegen seines prahlerischen Auftretens umstrittenen Arzt. Darauf ist ein altes Spottlied wiedergegeben: „Ich bin der Doktor Eisenbart,/ kurier die Leut´ nach meiner Art./ Kann machen, daß die Blinden gehn,/ und daß die Lahmen wieder sehn." Das über sehr viele Strophen gehende Lied erzählt genüsslich angeblich wahre Behandlungsgeschichten. So habe Eisenbart einen an Zahnschmerzen Leidenden mit einer Pistole behandelt – indem er den schmerzenden Zahn einfach abknallte. Dass die Geschichten komplett erfunden sind, zeigt schon die Entstehungszeit des Liedes: fast 100 Jahre nach Eisenbarts Tod. Seinen Ruhm mehrte es trotzdem. Von den vielen hundert Quacksalbern, die zu seiner Zeit durchs Land zogen, weiß man heute fast nichts mehr. Einzig der Name Eisenbart strahlt aus der dunklen Vergangenheit hervor. Den Herrn Doktor hätte es ganz bestimmt gefreut.

Sicherer und besser essen – dank eines Tierarztes aus Sachsen-Anhalt.

Andreas Christian Gerlach (1811–1877) aus Wedderstedt gilt als einer der berühmtesten Tiermediziner seiner Zeit. Unter anderem war er am Zustandekommen des ersten Tierseuchengesetzes beteiligt und Ideengeber für den noch heute praktizierten amtlichen Fleischbeschau. Als Direktor der Tierarzneischulen in Hannover und Berlin sowie als Herausgeber von drei Fachzeitschriften und rund 70 Büchern trug er wesentlich zur Hebung des Ansehens von Tierärzten bei. Auch international war Gerlach ein gefragter Experte. In Großbritannien und den Niederlanden spielte er eine wesentliche Rolle beim Kampf gegen die damalige Rinderpest. Der Aufstieg in höchste Ämter war dem bedeutenden Arzt nicht in die Wiege gelegt. Als Kind wuchs er bei Pflegeeltern auf.

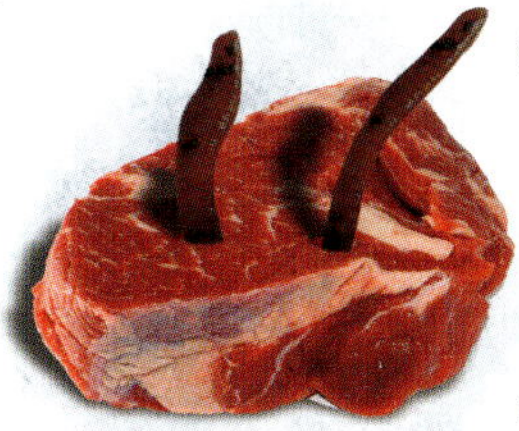

Ein trinkfester und lustiger Apotheker verschafft bis heute Freude.

Der umtriebige Apotheker Willy Drube (1880–1952) aus Schierke braute 1924 zum ersten Mal seinen bekannten Kräuterschnaps und versprach den Kunden das Ende aller Magenprobleme. Entgegen dem ursprünglichen Plan erfreute sich der „Schierker Feuerstein" bald nicht nur bei Trinkern mit Verdauungsstörung großer Beliebtheit, sondern auch bei Trinkern, die einfach gern trinken. Hinzu kam das Vermarktungsgenie Drubes. So ließ er zur Hochzeit seiner Tochter einen Brunnen vor der Apotheke errichten, aus dem an diesem Tag nur der beliebte Schnaps sprudelte. Nicht weiter erstaunlich also, dass sein Grabstein der wahrscheinlich lustigste Sachsen-Anhalts ist. Darauf wird dem Friedhofsbesucher gedroht: „Hier in dieser Erdengrube ruht der Apotheker Drube. Wanderer eile fort von hier, sonst kommt er raus und trinkt mit dir." Ausgesucht hat sich Drube den Spruch selbst. Er hatte dafür extra ein Zeitungspreisausschreiben veranstaltet.

Hansestädte

Die meisten denken beim Wort „Hansestadt" an stolze Seestädte an Nord- und Ostsee. Aber auch in Sachsen-Anhalt gab es jede Menge Hansestädte.

Sachsen-Anhalt hat die weltweit höchste Hansestadt-Dichte.

Im Land gab es insgesamt 16 Hansestädte; die meisten in der Altmark. Dort ist zugleich ihre weltweit höchste Konzentration. Zum mittelalterlicher Handelsbund schloßen sich insgesamt rund 300 nordeuropäische Städte zusammen. Sie sicherten sich und ihren Kaufleuten Schutz zu und unterstützten einander in Fragen der Handelspolitik sowie bei Steuern und Zöllen. Hansestädte in Sachsen-Anhalt sind Aschersleben, Gardelegen, Halberstadt, Halle, Havelberg, Magdeburg, Merseburg, Naumburg, Osterburg, Quedlinburg, Salzwedel, Seehausen, Stendal, Tangermünde, Werben und Wernigerode. In einigen Orten haben sich bis heute architektonische Zeugnisse wie Lager- und Handelshäuser erhalten. Als Erinnerung an ihre stolze Vergangenheit bezeichnen sich die Hansestädte der Altmark wieder offiziell als solche und gründeten den Altmärker Hansebund. Regelmäßig stattfindende Veranstaltungen halten das Erbe wach.

② Die Farben der Hanse finden sich in vielen Stadtwappen wieder.

Rot und Weiß waren die Farben der Hanse. Sie sind bis heute in den Stadtwappen der meisten sachsen-anhaltischen Hansestädte präsent. Zum Beispiel in den heraldischen Wahrzeichen von Halle und Wernigerode, die sich nur auf diese Farben beschränken.

③ Die kleinste Hansestadt der Welt liegt in der Altmark.

Werben ist nicht nur die kleinste Stadt Sachsen-Anhalts, sondern auch die kleinste Hansestadt der Welt. 1358 trat sie dem Handelsbund bei und blieb 130 Jahre lang Mitglied. Heute steht die gesamte Innenstadt des Ortes unter Denkmalschutz. Nach der Wende wurde sie aufwendig restauriert. Trotzdem hat Werben ein kleines Problem: Es gibt nur noch rund 800 Einwohner.

④ Die Tuchmacher der Region profitierten von der Hanse besonders.

Ab dem 15. Jahrhundert entwickelte sich in einigen Orten eine wirtschaftlich erfolgreiche Textilindustrie. In der Altmark blühte das einträgliche Gewerbe vor allem in Stendal, Gardelegen und Salzwedel. Die Verbindung zur Hanse ermöglichte den Städten, ihre Waren sicher und überregional zu vertreiben. Kein Wunder also, dass auch Naumburg Interesse an einer Mitgliedschaft zeigte. Die Saalestadt war ein wichtiger Umschlagplatz für die Pflanze Färberwaid, mit der Stoffe blau gefärbt wurden – damals ein äußerst kostbares Gut. Im Mai 1432 trat die Stadt dem Hansebund bei. Doch die Freude dauerte nicht lange. Schon ein Jahr später erzwangen Kurfürst Friedrich II. und der Naumburger Bischof Johann II. in einer gemeinsamen Aktion den Wiederaustritt und untersagten gleichzeitig jedes andere Bündnis mit „fremden Städten oder Leuten". Grund: Beide fürchteten selbstständige Städte.

5 Magdeburg galt über Jahrhunderte als „Brothaus der Hanse".

Als der Magdeburger Erzbischof Burchard III. im Jahr 1309 mit dem Rat der Stadt Magdeburg einen Vertrag unterzeichnete, waren ihm die weitreichenden Folgen des Aktes wahrscheinlich nicht bewusst. Burchard sicherte der Kommune das sogenannte Stapelrecht für Getreidetransporte auf der Elbe zu. Was sich zunächst nicht spektakulär anhört, brachte den Magdeburgen über 500 Jahre jede Menge Geld ein. Das Stapelrecht bedeutete nämlich, dass alles Korn, was per Schiff über die Elbe befördert wurde, in Magdeburg ausgeladen und für mindestens drei Tage gelagert werden musste. Für diese ungewollte und unnötige Dienstleistung kassierten die Elbstädter natürlich entsprechende Honorare. In Kriegs- und Hungerzeiten brachte der Zwangsaufenthalt zudem einen weiteren Vorteil: das Vorkaufsrecht für die gestapelten Waren. Auf

diese Weise kam die Stadt zu ihrem Beinamen „Brothaus der Hanse". Das außerordentliche Privileg der Magdeburger führte bis zu seiner Abschaffung im Jahr 1822 zu zahlreichen Konflikten mit anderen Handelsstädten wie Leipzig und Hamburg. Auch Erzbischof Burchard schien bald aufzugehen, was er da eigentlich unterschrieben hatte. Mit unterschiedlichen Methoden versuchte er immer wieder, die gewährten Privilegien zu unterlaufen. Die Magdeburger wehrten sich dagegen, indem sie den Bischof mehrmals verhafteten und schließlich in der Nacht vom 21. zum 22. September 1325 erschlugen.

6 Salz war das wichtigste Handelsgut der mitteldeutschen Hansestädte.

Das „weiße Gold" wurde mühsam aus der Erde gespült, bei großer Hitze aus der Sole herausgekocht und schließlich nach ganz Europa exportiert.

7 Wegen Biersteuern mussten altmärkische Hansestädte den Bund verlassen.

Viele Hansestädte der Altmark waren im Mittelalter für ihre wohlschmeckenden Biere berühmt und verdienten sich mit dem Brauen eine goldene Nase. Von diesem wirtschaftlichen Erfolg wollte 1488 auch der brandenburgische Kurfürst Johann Cicero (1455–1499) profitieren. Auf das bis dahin abgabenfreie Brauen sollte eine Steuer fällig werden: 12 Pfennig pro Tonne (114,5 Liter). So dachte es sich zumindest der Fürst und war gewillt, seinen Wunsch durchzusetzen – anders als sein Vater, der einige Jahre zuvor mit dieser Idee gescheitert war. Beim Erlassen des Gesetzes beging Johann Cicero jedoch eine folgenreiche Ungerechtigkeit. Besteuern wollte er nur das Bierbrauen durch gewöhnlich Sterbliche. Adlige und Geistliche sollten sich weiterhin ohne Abgabenzwang am Gebräu erfreuen. Doch der Kurfürst machte die Rechnung ohne seine

aufmüpfigen Hansestädter. Sie sahen die Privilegien für Pfaffen und Blaublüter nicht ein und gingen zum offenen Widerstand über. Der „Bierkrieg" begann in Stendal, wo die Einwohner den Rat der Stadt zwangen, auf die Eintreibung der Steuern zu verzichten. Als Johann Cicero daraufhin drei adlige Steuereintreiber schickte, radikalisierte sich der Streit. Die Stendaler erschlugen kurzerhand die Boten des Fürsten. Auch in Salzwedel, Gardelegen und Seehausen kam es nun zu Aufständen. Die Reaktion Johann Ciceros ließ nicht lange auf sich warten. Mit einem Heer von Landsknechten zog er in Stendal ein, ließ die Rädelsführer verhaften und auf dem Marktplatz hinrichten. Dramatisch waren die Folgen auch für die Städte selbst. Der Herrscher nahm ihnen wichtige Selbstverwaltungsrechte und zwang sie, aus der Hanse auszutreten. Was mit einem Streit über minimale Steuern begann, führte zu einem Niedergang der einst stolzen Hansestädte. Sie sanken zu unbedeutenden Landgemeinden herab.

Höhlen

Sie sind dunkel, geheimnisvoll und faszinierend: Höhlen. Unter der Oberfläche sind weite Teile des Landes löchrig wie ein Schweizer Käse.

1 Eine genaue Anzahl der Höhlen kann niemand benennen.

2 Die Wimmelburger Schlotten im Mansfelder Land sind Rekordhalter.

In Sachsen-Anhalt sind bis jetzt 87 Höhlen entdeckt. Sie liegen vor allem im Harz und im Mansfelder Land. Die genaue Zahl ist nicht bekannt. Ein Grund: Auch die Unterwelt ändert sich immer wieder. Alte Höhlen verschließen sich durch Gesteinsabbrüche, andere entstehen zum Beispiel durch Ausspülungen neu. Eine endgültige Erfassung und Kartierung ist daher unmöglich.

Die Wimmelburger Schlotten im Mansfelder Land sind das längste Gipshöhlensystem Deutschlands. Bisher sind 2,8 Kilometer erforscht. Experten vermuten noch weitere 2,2 Kilometer. Die Schlotten sind lange bekannt und wurden schon im 18. Jahrhundert von Bergleuten als Party-Location für Tanzveranstaltungen genutzt. In einer großen Höhle hing ein riesiger Kronleuchter.

3 Die Baumannshöhle im Harz ist die älteste Schauhöhle Europas.

Seit 1646 werden Touristen durch das unterirdische Labyrinth geführt. Einer der berühmtesten Baumannshöhlen-Fans war Dichterfürst Johann Wolfgang von Goethe. Er schaute gleich dreimal persönlich vorbei. Lange vor den Menschen spazierten Höhlenbären durch die dunklen Gänge. An wenigen anderen Orten Mitteleuropas fand man so viele Knochen von ihnen. Heute gibt es kaum noch Überreste, denn im 18. Jahrhundert wurden sie als Einhorn-Horn-Pulver verkauft. Zerstoßen und zerrieben galt dies als Potenzmittel.

4 Die Sandhöhlen im Heers bei Blankenburg sind ein echter Geheimtipp.

In einem Wald zwischen Blankenburg und Halberstadt sieht es aus wie auf dem Mond – zumindest so, wie sich die meisten den Erdtrabanten vorstellen. Der ungewöhnliche Anblick ist aber keine Kulisse für einen Science-Fiction-Film, sondern echt echt! Die Sandhöhlen im Heers bestehen aus Sandstein und sind einen Besuch wert. Ihr markantes Aussehen macht sie zu einem geheimnisvollen Ort. Das fanden übrigens auch die alten Germanen und richteten hier vermutlich ein Thing – eine Versammlungsstätte – ein.

5 **Durch die Heimkehle verläuft die Landesgrenze zu Thüringen.**

Die Heimkehle zählt zu den größten Gipshöhlen Deutschlands. Gleichzeitig ist sie die einzige, durch die sich eine Landesgrenze zieht. Sie liegt unter den Gemeinden Uftrungen (Sachsen-Anhalt, Landkreis Mansfeld Südharz), Urbach und Görsbach (beide Thüringen). Der Eingang zur Höhle befindet sich zwar auf thüringischem Boden, betrieben und unterhalten wird sie jedoch von der sachsen-anhaltischen Gemeinde Uftrungen. Die Gesamtlänge der Stollen beträgt etwa 2 Kilometer. Der für Besucher zugängliche Teil ist rund 750 Meter lang. Ein besonderes Highlight der Heimkehle ist der „Große Dom", ihr größter Hohlraum. Er erreicht eine Höhe von 22 Metern und einen Durch-

messer von 65 Metern. Die Heimkehle zählt zu den ältesten bekannten Höhlen der Region. Schon 1357 wurde sie erstmals urkundlich erwähnt, aber erst im September 1920 als Schauhöhle eröffnet und so für jedermann zugänglich. Zur Geschichte der Heimkehle gehört auch ein dunkles Kapitel: Gegen Ende des Zweiten Weltkrieges stellten die Nationalsozialisten den Besucherbetrieb ein und ließen in den weiten Räumen eine unterirdische Rüstungsfabrik für das Flugzeug JU-88 errichten. Über 8.000 Quadratmeter bombensichere Fabrikfläche entstanden – mit Autostraßen und eigener Bahnanlage. Den Umbau führten KZ-Häftlinge aus, von denen dabei und auch später bei der Rüstungsproduktion viele ums Leben kamen. An ihr grausames Schicksal erinnert heute eine Ausstellung sowie eine Mahn- und Gedenkstätte.

Im Volkmarskeller bei Blankenburg richteten sich Geistliche wohnlich ein.

 In der Hermannshöhle wuseln illegale jugoslawische Gastarbeiter.

Der Legende nach lebte zwischen 850 bis 870 die Nonne Liutbirg in der Höhle. Moderne Studien vermuten jedoch, dass dem nicht so war. Eindeutig belegt ist aber die Tatsache, dass die Höhle schon im 10. Jahrhundert für religiöse Zwecke genutzt wurde: Sie beherbergte die Höhlenkirche St. Michael. Otto I. schenkte sie 956 dem Stift Quedlinburg. Durch schriftliche Belege ist ebenfalls gesichert, dass im frühen 12. Jahrhundert fromme Einsiedler in die natürliche Behausung zogen, bis im Juli 1146 Zisterziensermönche über dieser Stelle ein Kloster gründeten. Heutigen Besuchern erschließt sich die kirchliche Nutzung der Höhle schnell: Der Altar ist deutlich zu erkennen.

Dreizehn Grottenolme leben in der Harzer Hermannshöhle. Die ersten fünf Exemplare wurden 1932 von Höhlenforschern ohne Erlaubnis aus Jugoslawien eingeführt und in der Höhle freigelassen. Sie sollten die Besucher erfreuen und sind daher streng genommen nichts anderes als illegale Gastarbeiter. Weil bei einer Überprüfung 1956 kein einziger Olm mehr entdeckt wurde, spendierten die Jugoslawen als freundliche Geste unter Bruderstaaten noch einmal 13 Exemplare. Die Großzügigkeit konnten sie sich leisten, denn in den slowenischen Karstgebirgen leben die seltenen Tiere noch in natürlicher Umgebung. Der große Plan, Grottenolme im Harz selbst zu züchten, scheiterte hingegen 1978 spektakulär. Nachdem extra ein Zuchtbecken gebaut worden war, stellte sich heraus, dass die Jugoslawen nur männliche Tiere herausgerückt hatten – Nachwuchs unmöglich! Komplett olmenlos bleibt die Hermannshöhle in den nächsten Jahrzehnten trotzdem nicht: Die kleinen Nackedeis werden bis zu 100 Jahre alt.

Kulinarisches

In der Magdeburger Börde gibt es die fruchtbarsten Böden Deutschlands. Nicht erstaunlich also, dass im Land gut gekocht wird.

 Im Jerichower Land begann der Siegeszug der Kartoffel in Deutschland.

Die Anfänge des deutschen Kartoffelanbaus sind eng mit Friedrich dem Großen (1712–1786) verbunden. Der umtriebige Herrscher, der weite Gebiete seines Landes erst durch Deich- und Kanalbauten landwirtschaftlich nutzbar machte, war auch der entscheidende Wegbereiter der Kartoffel. Am 24. März 1756 erließ er den sogenannten „Kartoffelbefehl". Darin wurden alle Beamte angewiesen, bei den Untertanen für die aus Südamerika stammende Knolle zu werben. Zudem ließ Friedrich großzügig und kostenlos Pflanzknollen vertei-

len. Die Bauern weigerten sich jedoch beharrlich, Kartoffeln zu pflanzen. Erst mit einem Trick brach Friedrich die Ablehnungsfront. Der Legende nach ließ er im Jerichower Land ein Feld bestellen und von Soldaten bewachen. Die Bauern glaubten nun, Kartoffeln seien wertvoll, stahlen sich Knollen vom Feld und bauten sie selbst an. Ob die Geschichte wirklich die Ursache für den Durchbruch wiedergibt, ist fraglich. Eher dürfte es der finanzielle Vorteil für die Bauern gewesen sein. Durch staatliche Förderung war das Saatgut äußerst preiswert – und da die neue Frucht nicht in den alten Abgabeordnungen auftauchte, mussten die Bauern für sie keinen Kirchenzehnt entrichten.

In Deutschlands Zwiebelstadt Nummer Eins liebt man Bollentitsche über alles.

 Auf Flower-Power stehen Bernburgs Köche schon seit Langem.

Seit rund 420 Jahren werden in Calbe Bollen – so heißen dort Zwiebeln – angebaut. Jährlich zupfen Bauern rund 10.000 Tonnen des tränentreibenden Gemüses aus der Erde. Die Calbenser verkaufen ihre Zwiebeln aber nicht nur, sie essen sie auch. Ein historisches Zwiebelgericht ist „Bollentitsche". Dafür werden Speck, Hack und Zwiebeln in Butter angeschwitzt, mit viel Kümmel gewürzt und zusammen mit sauren Gurken serviert. Andere beliebte Zwiebelrezepte sind „Calbenser Bollenklump" und „Calbenser Zwiebelkuchen".

Natürlich ist es nicht so, dass in der ehemaligen Residenzstadt nur ausgeflippte Hippies den Kochlöffel schwingen. Der Kraft der Blumen sind die Bewohner aber traditionell durchaus zugeneigt. Grund: „Gänseblümchensuppe" ist ein ausgefallener Bestandteil der alten Bernburger Küche. Wer es ausprobieren möchte – das Rezept ist simpel: Eine Mehlschwitze wird mit Fleischbrühe aufgefüllt und mit gehackten Gänseblümchen verfeinert. Pro Person rechnet man übrigens mit einem Esslöffel Gänseblümchen.

Puuhh uuahhhh huha....

Mmm mmmmh hhh...

73

Puuhh uuahhhh huha....

4 Würchwitzer Milbenkäse ist nur etwas für hartgesottene Fans.

Würchwitzer Milbenkäse gilt als „lebendigster Käse der Welt". Grund: Die Spezialität wird samt auf ihr hausender Milben verputzt. Nachweislich seit dem 15. Jahrhundert widmet man sich im Dorf – das mittlerweile in die Stadt Zeitz eingemeindet wurde – den kleinen Krabblern mit der großen Wirkung. Nachdem die Tradition Mitte der 1970er-Jahre kurz vor dem Aus stand, ist sie heute wieder im wahrsten Sinne des Wortes quicklebendig. Fünf Familien bereiten Würchwitzer Milbenkäse nach alter Rezeptur zu und liefern ihn sogar an die berühmte Feinschmeckerabteilung des Berliner Luxuskaufhauses „KaDeWe". Die genaue Zubereitung ist geheim, das Prinzip aber bekannt. Der Rohkäse wird zusammen mit einer

Menge Krabbler und etwas Roggenmehl für die Dauer von bis zu einem Jahr in eine Holzkiste gesperrt. Während dieser Zeit wühlen, fressen und „verdauen" sich die Milben durch die Mixtur. Das Ergebnis: Ein streng riechender Weichkäse mit einem salmiakartigen Geschmack, dessen Verzehr entgegen vieler Befürchtungen gesundheitlich unbedenklich ist. Das haben lebensmittelrechtliche Untersuchungen im Jahr 1996 ergeben. Obwohl die Spezialität nur etwas für Liebhaber ist, wurde sie mittlerweile als traditionelle Speise in die „Arche des Geschmacks" – einer Art Welterbeliste der Esskultur – aufgenommen. Ganz folgerichtig haben die Würchwitzer ihren Krabblern ein Denkmal gesetzt. 3,5 Tonnen schwer, thront es direkt vor dem Milbenmuseum. Dass der Ortname Würchwitz von „würchen" kommt, klingt überzeugend – ist aber nur ein böses Gerücht.

Einige regionale Spezialitäten tragen Decknamen.

Selbst vorurteilsfreie und interessierte Liebhaber der Küche Sachsen-Anhalts kommen bei den Namen kulinarischer Besonderheiten ins Staunen. Beim Magdeburger „Bötel mit Lehm und Stroh" liegen aber glücklicherweise keine Baustoffe auf dem Teller, sondern Eisbein („Bötel"), Erbspüree („Lehm") und Sauerkraut („Stroh"). Warum der Landes-Klassiker gebratene Blutwurst mit Sauerkraut und Salzkartoffeln ausgerechnet „Tote Oma" heißt, bleibt an dieser Stelle lieber offen.

Altmärker lieben beim Essen ungewöhnliche Kombinationen.

Die Versuchung, verschiedene Lebensmittel mit komplett unterschiedlichen Geschmacksrichtungen zu kombinieren, gibt es in fast allen Küchen dieser Welt. Die Engländer kippen beispielsweise gern Pfefferminzsauce über alles, was nicht rechtzeitig vom Teller ist. Egal ob's passt oder nicht. Auch in der Altmark versuchen sich Köche in dieser Disziplin. Ein Traditionsrezept ist dort süß-saurer Grüne-Bohnen-Eintopf mit Eierkuchen. Ganz Verwegene ditschen die Eierkuchen in die Suppe.

Mmm mmmmh hhh…

Mmm mmmmh hhh…

Museen

In der Fachwerkstadt Quedlinburg gab es mal ein Holzwurm-Museum. Nach dessen Schließung (nicht wegen Wurmbefall) haben Interessierte immer noch eine große Auswahl: In Sachsen-Anhalt gibt es insgesamt 225 Museen.

 Die Langobardenwerkstatt in Zethlingen ist ein Mitmach-Museum.

Beim Freilichtmuseum handelt es sich um den Nachbau eines alten germanischen Dorfes zur Zeit des römischen Weltreiches. Errichtet wurde es auf einem rund 2.000 Jahre alten Brandgräberfeld, auf dem die Germanen einst Urnenbestattungen vollzogen. In jüngster Vergangenheit wurden vor Ort zahlreiche archäologische Funde bei Ausgrabungen gesichert, auf deren Grundlage die Rekonstruktion der Anlage erfolgte. Besucher können weitgehend realistisch den Alltag der Langobarden nacherleben und sich selbst einbringen: beim Backen, Töpfern, Textilien Herstellen und beim Gebrauch von Speer und Bogen. In einer Schmiedehütte ist es sogar möglich, aus sogenanntem Raseneisenerz gewonnenes Metall zu schmieden. Lediglich beim Versuch, den Opfer- und Kultplatz zu nutzen, werden die Museumsbetreiber einschreiten.

Im Gardelegener Stadtmuseum geht es bierernst zu.

Die Einrichtung präsentiert alles rund um 700 Jahre Brautradition in Gardelegen. Eine besondere Attraktion ist die historische Bierdeckelsammlung. Sie besteht aus Pappuntersetzern ostdeutscher Brauereien, die zumeist nicht mehr existieren. Bei Besuchern lösen sie häufig einen fröhlichen „Kennst Du das noch?"-Ruf aus. Manchmal gefolgt von der bösen Erinnerung an den einen oder anderen schweren Kater.

 Alles Wissenswerte über englische Pilzköpfe findet sich in Halle.

Das Beatles-Museum, im Jahr 2000 eröffnet, ist das weltweit größte seiner Art. Auf zwei Etagen gibt es alles, was eingefleischte Pop-Fans lieben: Plattencover, Autogrammkarten, Briefmarken und Souvenirs. Im Besitz des Privatmuseums befinden sich sogar Originalzeichnungen aus dem Beatles-Film „Yellow Submarine". Neben einem Flipperautomaten nennt es auch einen Original-Löffel von John Lennon sein Eigen.

 In der Stendaler Läutewerksammlung kann es richtig laut werden.

Die Läutewerksammlung in Stendal ist die größte Ihrer Art in Deutschland. Die intakten Schranken-, Strecken-, Tunnel- und Bahnsteigklingeln machen zusammen eine Menge Krach. Ohne den Sammler Wolfgang List, der Mitte der 1980er-Jahre mit dem Zusammentragen und Restaurieren der Signalanlagen begann, wäre ein tönendes Kapitel der Bahngeschichte wahrscheinlich für immer verloren gegangen. Im umfangreichen Schatz finden sich neben Läutewerken der verschiedenen deutschen Landesbahnen – beispielsweise der sächsischen, mecklenburgischen, preußischen und thüringischen – auch die Bimmeln ausländischer Unternehmen, etwa aus Holland, Österreich und der Schweiz. Die ersten 39 Läutewerke der Welt wurden übrigens 1846 im heutigen Sachsen-Anhalt installiert: zwischen Halle und Weißenfels.

In Güntersberge gibt es die schrägsten Ausstellungen Sachsen-Anhalts.

In der Harz-Gemeinde betreiben Gabriele und Karl-Heinz Knepper ihr eigenes Kuriositätenmuseum. Für die „Galerie der stillen Örtchen" trugen sie über 60 verschiedene Nachttöpfe, Klostühle und Toiletten zusammen. Die älteste Vorrichtung ist bereits 500 Jahre alt. Auch eines der frühesten deutschen Wasserklosetts besitzen die Kneppers. Hinzu kommen zahlreiche großformatige Fotos und Zeichnungen, sowie – man mag es kaum glauben – Ölbilder von Notdurfteinrichtungen! Wem das alles am Allerwertesten vorbeigeht: Das Museum hat auch eine Mausefallenabteilung. Dort stehen Fangvorrichtungen für kleine Nager in allen Formen und Größen. Eine besonders rabiate Variante ist die Wühlmauskanone. Und wem das alles nicht ausgefallen genug ist, der wird sich vielleicht durch die Keuschheitsgürtel-Sammlung nach Güntersberge locken lassen.

Im Geleitshaus Weißenfels erwartet Besucher ein makaberes Exponat.

Hier steht der Seziertisch des im Dreißigjährigen Krieg gefallenen schwedischen Königs Gustav II. Adolf (1594–1632). Am 7. November 1632 wurde der Leichnam des in Lützen Getöteten untersucht und einbalsamiert. Da in Weißenfels nicht alle Tage tote Könige aufzuschneiden waren, blieb dieses Ereignis für die Stadtgeschichte so bedeutend, dass die Gerätschaften und Zeugnisse sorgsam erhalten wurden. Inklusive eines besonders gruseligen Artefakts: An der Wand prangt immer noch ein fast 380 Jahre alter königlicher Blutspritzer – übrigens rot, nicht blau.

Das Friedensfahrtmuseum in Kleinmühlingen ist ein Werk von echten Fans.

Seit dem Jahr 2002 gibt es in der Bördegemeinde alles rund um das traditionsreiche Radrennen, das zwischen 1948 und 2006 ausgetragen wurde, zu sehen. Aufgebaut von einem ehrenamtlich agierenden Verein, entstand das Museum von Beginn an durch tatkräftige Unterstützung berühmter Radrennfahrer wie Täve Schur, Uwe Raab und Uwe Ampler. Viele Helden von damals kamen sogar persönlich vorbei, um Ausstellungsgegenstände zu überreichen und aus dem Nähkästchen zu plaudern. Auch deshalb können die Kleinmühlinger nun voller Stolz die größte Friedensfahrtsammlung präsentieren. Pokale, Trikots, Dokumente und alte Fahrräder zeichnen ein lebendiges Bild des beliebten Wettrennens. Darunter zum Beispiel den „Kiew-Pokal" von 1986. Die DDR-Mannschaft gewann die Kristalltrophäe bei der 39. Auflage der Tour – unter erschwerten Bedingungen. Obwohl die Fahrt eigentlich nur durch die DDR, die Volksrepublik Polen und die ČSSR führte, bestanden die sowjetischen Genossen darauf, in jenem Jahr auch durch die UdSSR zu radeln. Die Teams und ihre komplette Ausrüstung wurden für vier Renntage in die Ukraine geflogen. Sehr viele Sportler waren es nicht, die der Einladung folgten. Bis auf die Finnen und Franzosen sagten alle West-Teams ihre Teilnahme ab. Grund: Zehn Tage zuvor war das nahe gelegene Kernkraftwerk Tschernobyl explodiert. Für den „Kiew-Pokal" radelte die DDR-Mannschaft durch das komplett verstrahlte Kiew und holte ihn so unter Einsatz ihres Lebens.

Musik

Auf Tourismusmessen wirbt das Land mit dem Slogan „Musikland Sachsen-Anhalt". Zu Recht! Nirgendwo sonst gibt es eine so reiche und bis in die Gegenwart gepflegte Musiktradition.

Der Superstar der Barockmusik ist ein Hallenser.

Georg Friedrich Händel (1685–1759) und die von ihm komponierten Werke sind unbestrittene Aushängeschilder der barocken Musikkultur. Der in Halle geborene Händel schuf neben zahllosen kleineren Werken 46 Opern und 25 Oratorien, darunter den weltberühmten „Messias" mit dem Klassiker „Halleluja". Das Talent des Musikgenies wurde in Weißenfels entdeckt. Als Kind spielte Händel in der Kirche des dortigen Schlosses Neu-Augustusburg Herzog Johann Adolf auf der Orgel vor. Hoheit war begeistert und bat Händels Vater, den kleinen Georg Friedrich zum Musiker ausbilden zu lassen. Dem Drängen gab der Vater, Leibarzt des Herzogs, nach. Eine gute Entscheidung, denn als Jurist – so der ursprüngliche väterliche Karriereplan für Georg Friedrich Händel – hätte er nicht so viel Bleibendes hinterlassen.

Bevor er in Leipzig weltberühmt wurde, lebte Bach in Köthen.

Ab 1717 verdingte sich Johann Sebastian Bach (1685–1750) für insgesamt fünf Jahre als Hofkapellmeister des Herzogtums Anhalt-Köthen in Köthen. Die Aufgabe umfasste nicht nur die Aufführung von fremden Werken, sondern auch das Komponieren eigener. In der Köthener Zeit entstanden die bis heute beliebten „Brandenburgischen Konzerte" und die Klavierschulstücke für Kinder „Das wohltemperierte Klavier". Ein Großteil der im Anhaltischen geschaffenen Werke gilt jedoch als verschollen. Von Köthen aus zog Bach nach Leipzig, wo er im Mai 1723 die Leitung des Thomanerchors übernahm.

 Unverstandenes Wunderkind: Georg Philipp Telemann aus Magdeburg.

Telemann (1681–1767) schrieb bereits in zarten Alter von 12 Jahren seine erste Oper. Doch statt des eigentlich erwartbaren Applauses gab es eine Menge Ärger von Mutti. Die wollte auf gar keinen Fall, dass Sohnemann Musiker wird. Also verbot sie es ihm und schickte den kleinen Georg Philipp auf ein Internat in den Harz. Glück im Unglück: Der Schuldirektor war Musikfan und ließ Telemann jede Woche ein neues Stück schreiben.

4 Der Komponist Kurt
Weill ist ein gebürtiger
Dessauer.

Moderne Musik ist ohne ihn kaum
vorstellbar: Der Komponist Kurt
Weill (1900–1950) prägte mit seinen Stücken
sowohl die klassische als auch die Unter-
haltungsmusik. Sein bekanntestes Werk
– die „Dreigroschenoper" – entstand
1928 in Zusammenarbeit mit Bertolt
Brecht (1898–1956). Weill als „deutschen Künstler" zu bezeichnen, wäre
jedoch falsch. Von den Nazis vertrieben,
floh er in die USA und setzte dort seine
Karriere fort. Heute erinnert man sich
in Weills Heimatstadt Dessau gerne
an den großen Sohn und ehrt ihn auf
vielfältige Weise. Zum Beispiel mit dem
jährlichen Kurt Weill Fest.

5 Die Wurzeln vieler
DDR-Sänger liegen
in der Region.

So stammen beispielsweise wichtige
Bandmitglieder der Rockgruppen „Ka-
rat", „Silly", „Stern-Combo Meißen"
und „Juckreiz" aus der Region. Genauso
wie Schlagersängerin Gaby Albrecht
und Kinderliedermacher Reinhard
„Traumzauberbaum" Lakomy. Auch die
Mitglieder des beliebtesten Volksmusik-
Duos Ostdeutschlands sind Sachsen-Anhalter. Monika Hauff und Klaus-Dieter
Henkler, die gemeinsam als „Hauff &
Henkler" auftreten, sind echte Landes-
kinder. Sie ist aus Wernigerode, er aus
Seebenau in der Altmark – zusammen
verkauften sie von ihren 21 Alben rund
10 Millionen Exemplare.

6 **Popstars mit internationalem Ruhm wuchsen im Land auf.**

Die Magdeburger Band „Tokio Hotel" bringt weltweit kleine Mädchen zum Quietschen und Deutsch Lernen. Seitdem Gustav Schäfer, Georg Listing und die eineiigen Zwillinge Bill und Tom Kaulitz mit ihrem Hit „Durch den Monsun" der Durchbruch gelang, gibt es kein Halten mehr. Als eine von ganz wenigen deutschen Bands sind sie in ganz Europa sowie Nord- und Südamerika erfolgreich. Selbst junge Israelinnen drängen mittlerweile in Deutsch-Sprachkurse, um eines Tages mit den Jungs in ihrer Muttersprache plauschen zu können. Das mag Frontmann Bill Kaulitz für den Hohn und Spott entschädigen, dem er sich in der Öffentlichkeit manchmal ausgesetzt sieht. Wegen seiner seltsamen Frisur platzierte ihn beispielsweise die Zeitschrift FHM gleich zweimal im Ranking zur Wahl der „Unsexiest Woman Alive" – eine Kategorie, die für Annett Louisan aus Havelberg komplett ausscheidet. Der jungen Chanteuse mit Lolita-Ausstrahlung („Ich will doch nur spiel'n") liegen vor allem ältere Herren zu Füßen, die – und hier schließt sich der Kreis – ebenso ins „Spitze-Töne-von-sich-Geben" fallen wie die kleinen Mädchen bei „Tokio-Hotel".

Mysteriöse Orte

Sachsen-Anhalter sind keine ängstlichen Zeitgenossen, obwohl im Land eine Menge gruselige und unheimliche Orte existieren.

 1

Hinter verschlossene Türen gucken kann sehr gefährlich sein.

Über viele Jahrhunderte war auf Burg Falkenstein ein einzelnes Zimmer Sperrgebiet. Der Legende nach soll in ihm eine Frau eingemauert und gestorben sein. Kurz vor ihrem jämmerlichen Tod habe sie einen Fluch ausgesprochen, wonach derjenige, der als Erster die Tür öffne, samt seiner Familie sterben solle. Klar, dass sich so schnell niemand traute, das Zimmer zu betreten. Bis zum Kriegsende 1945. Da kamen amerika-nische Soldaten auf Burg Falkenstein an. Spontan öffnete ein angetrunkener amerikanischer GI den Raum und seg-nete prompt samt familiärem Anhang das Zeitliche. So behauptet es zumindest eine Überlieferung. Vielleicht ist das auch Quatsch, denn eine andere Version lautet so: Die Eingemauerte habe die Herrscherfamilie der Burg verflucht und für den Fall des Türöffnens das Ableben des Familienoberhauptes prophezeit. Als 1945 der betrunkene Soldat – hier stim-men die Storys überein – in den Raum guckte, hätte sich die adlige Hausherrin Richtung Jenseits verabschiedet.

Der Brocken gilt als einer der geheimnisvollsten Orte Mitteleuropas.

Unter allen deutschsprachigen Hexen ist der höchste Berg Norddeutschlands als Blocksberg bekannt und während der jährlichen Walpurgisnacht (Nacht zum 1. Mai) ihr gemeinsamer Treffpunkt. Der Legende nach finden sie sich dort zu einer Art Betriebsversammlung ein, bevor sie auf dem nebenan liegenden Hexentanzplatz zum bunten Teil des Abends übergehen. Während der Zeit der Hexenverfolgungen im Mittelalter wurde der Brocken von den meisten Menschen gemieden. Nicht aus Angst vor Hexen, sondern aus Furcht vor Mitbürgern. Wer auf den Blocksberg stieg, geriet schnell in den Verdacht, selbst Hexe oder Zauberer zu sein – eine mitunter tödlich endende Vermutung. Wie viel mysteriöses Potenzial auf dem Brocken wirklich vorhanden ist, wollte im Juni 1932 der englische Professor Harry Price herausfinden. Der berühmte „Geisterjäger" führte dazu ein Hexenexperiment durch. Mit Hilfe eines magischen Kreises und einer Jungfrau sollte ein Ziegenbock in einen jungen Mann verwandelt werden – so wie es zumindest eine alte Überlieferung beschrieb, die Price besaß. Der Versuch klappte natürlich nicht, war aber trotzdem ein internationales Medienereignis: 42 Fotografen und 76 Reporter aus aller Welt waren persönlich vor Ort. Selbst wer nicht an übersinnliche Dinge glaubt, kann bis heute Augenzeuge des Brockengespenstes werden. Dabei trifft man nicht auf Bettlaken tragende Möchtegern-Geister, sondern eine optische Täuschung. Zu sehen ist der schemenhaften Umriss eines Menschen, zu dem sich manchmal noch ein Heiligenschein gesellt. Erstmals dokumentierte Johann Esaias Silberschlag dieses Phänomen 1780. Die Erklärung ist einfach: Beim „Gespenst" handelt es sich um den Schatten des Beobachters, der sich bei Nebel in der Luft abbildet. Der Heiligenschein entsteht hingegen durch die Brechung des Sonnenlichts im dichten Nebel. Die Chance, ein Brockengespenst zu Gesicht zu bekommen, ist ziemlich hoch. An rund 300 Tagen im Jahr liegt eine undurchdringliche „Suppe" um den Berg.

Eine ungestüme Verfolgungsjagd im Harz hinterließ Spuren.

 Im mysteriösen Rasenlabyrinth von Steigra spielt es sich gut.

Die Roßtrappe im Harz war in grauer Vorzeit Schauplatz einer dramatischen Geschichte. Die holde Prinzessin Brunhilde weigerte sich, den bösen Riesen Bodo zu heiraten, und machte sich aus dem Staub. Weil sich der Abgewiesene damit nicht abfinden wollte, kam es zu einer wilden Verfolgungsjagd hoch zu Ross. Auf Höhe des Hexentanzplatzes versperrte eine Schlucht den Weg. Brunhilde gab ihrem Pferd die Sporen, so dass es in einem gewaltigen Satz über das Tal sprang. Von der Landung blieb ein tiefer Huf-Abdruck im Stein. Während die Holde glücklich auf die andere Seite gelangte, stürzte Bodo ab und starb. Kleiner Trost: Der Fluss in der Schlucht – die Bode – wurde nach ihm benannt. Wissenschaftler sehen die Sache mit dem Hufabdruck bedeutend nüchterner: Sie vermuten darin eher Überreste einer germanischen Kultstätte.

Wozu die Menschen vergangener Jahrhunderte Rasenlabyrinthe anlegten, ist unbekannt. Die bis zu 800 Quadratmeter großen Anlagen entstanden vor allem in Skandinavien, Deutschland und auf den britischen Inseln. Im Gegensatz zu ihren barocken Gegenstücken, den Irrgärten, kann man sich in den kreisförmigen Rasenlabyrinthen aber nicht verlaufen. Vielmehr geht man einen spiralförmigen Weg bis zum Zentrum. Möglicherweise hatte dieser Gang eine religiöse Bedeutung. In Steigra im Saalekreis befindet sich eines der letzten im Originalzustand erhaltenen Bauwerke dieser Art. Die Steigraer nutzen es jedes Jahr am letzten Aprilwochenende für ein Spiel namens „Befreiung der Jungfrau aus den Klauen des Drachen". Dabei kämpft ein Ritter, der den Heiligen Georg darstellen soll, die Jungfrau aus dem Mittelpunkt des Labyrinths frei.

 Kurioses Naturschauspiel: Bei Roßla gibt es einen temporären See.

Der Bauerngraben bei Roßla, früher auch Hungersee genannt, ist ein nur manchmal existierender See. In guten Jahren präsentiert er sich seinen Besuchern etwa 350 Meter lang und 100 Meter breit. In schlechten Jahren ist von ihm überhaupt nichts zu sehen. Besonders mysteriös ist die Geschwindigkeit, mit der sich der See füllt oder leert. So gibt es Augenzeugenberichte, wonach er über Nacht komplett verschwand, obwohl er zuvor jahrelang existierte. Eine Erklärung für das Naturschauspiel war lange nicht vorhanden, so dass sich zahlreiche Legenden bildeten. In den 1950er-Jahren wollte ein Forscher der Sache auf den Grund gehen. Er färbte einen durch den See führenden Bach ein, um herauszufinden, wie das Wasser fließt. Zwar stellte er fest, dass das gefärbte Nass an anderer Stelle wieder austrat, eine genaue Erklärung lieferte das Experiment aber nicht. Heute gehen Geologen davon aus, dass das karstige Gestein im Untergrund für die wechselnden Wasserstände verantwortlich ist. Die Roßlaer kümmerte die Ursache in der Vergangenheit eher wenig. Sie

züchteten in wasserreichen Jahren im See Fische. Verschwand das kühle Nass, besaß der Pfarrer der Nachbargemeinde Breitungen das Recht, den Boden für die Landwirtschaft zu nutzen. Als sich der See einmal mitten im Sommer plötzlich zu füllen begann und die angebauten Bohnenpflanzen untergingen, blieb dem Gottesmann nur Selbstironie. „Da habe ich ja eine schöne Bohnensuppe angerichtet", soll er gejammert haben.

 Was die Bronzezeitmenschen im Kreis von Pömmelte trieben, bleibt mysteriös.

Die Anlage hat genau die gleichen Maße wie die des englischen Stonehenge, war allerdings komplett aus Holz errichtet. Sechs wie mit einem Zirkel gezogene Kreise liegen ineinander. Der größte hat einen Durchmesser von 115 Metern. Wozu der pompöse Bau einst diente, ist nicht völlig geklärt. Archäologen meinen, er sei vor allem ein Ort für Opfer- und Totenrituale gewesen. Aber auch eine Nutzung als Sonnenkalendarium ist denkbar. Klar ist hingegen eines: In Sachsen-Anhalt gibt es ein gutes Dutzend ähnlicher Anlagen.

Ortsnamen

Es sind vor allem kleine, eher unbekannte Dörfer im Land, die gemeinsam ein schweres Schicksal teilen: Sie tragen einen ziemlich seltsamen Namen.

Zabakuck

Elend

 Zabakuck liegt wirklich in Sachsen-Anhalt – im Jerichower Land.

 Urlaub im Elend ist sehr viel angenehmer als so mancher denkt.

Was zunächst nach einem wilden afrikanischen Regentanz klingt, ist in Wahrheit slawischen Ursprungs. Zabakuck bedeutet übesetzt „Froschfresser". Das lässt aber nicht auf französische Einwanderer und ihre kulinarischen Gewohnheiten schließen, sondern auf die Vielzahl an Störchen, die es hier früher gab. 2008 gab sich die Gemeinde übrigens ein neues Wappen. Darauf: lauter Frösche.

Die schmucke Harzgemeinde Elend hat es in der Tourismuswerbung nicht gerade leicht. Wer träumt schon davon, die schönste Zeit des Jahres in einem Ort zu verbringen, in dem die Zustände offensichtlich so schlimm sind, dass sie sogar im Ortsnamen Spuren hinterlassen. Doch der Name hält hier nicht, was er verspricht. Elend kommt vom althochdeutschen „eli-lenti". Was nichts anderes heißt als: „fremdes Land".

3 **Hackpfüffel ist keine Hackfleisch-Sorte, sondern eine 260-Seelen-Gemeinde.**

Der Ortsname von Hackpfüffel im Landkreis Mansfeld-Südharz ist eine verkorkste Zusammensetzung aus dem Familiennamen „Hacke" und dem ursprünglichen Ortsnamen „Pfeffelde". Im Lauf der Zeit wurde daraus zunächst „Hack*in*pfeffelde", das sich zu „Hackpfüffel" verschliff.

4 **Pißdorfer konnten sich früher etwas auf ihren Ortsnamen einbilden.**

Erschiene dieses Buch in den USA, müsste der Name von ▓▓▓▓ (Pißdorf) wahrscheinlich geschwärzt erscheinen. Doch was sich so ungehörig anhört, war mal ein angesehener Name. Der Ort hieß früher Bischofsdorf. Durch Abkürzungen und Lautverschiebungen wurde daraus Pißdorf.

 Pferd oder Pelz – Schimmel, bei Bad Bibra gelegen, gibt Rätsel auf.

Beim Wort „Schimmel" denken viele an Lebensmittel mit Eigenleben oder an stolze weiße Pferde. Der Ortsname der Gemeinde leitet sich jedoch vom altgermanischen Wort „Schemel" ab. Das hat wiederum rein gar nichts mit einer kleinen Sitzgelegenheit zu tun (– wäre ja auch viel zu einfach). Schemel heißt „Schatten" und verweist auf die Ortslage zwischen vielen Hügeln.

 Im Salzlandkreis gibt es ein kleines Örtchen mit dem schönen Namen Biere.

Die Bezeichnung lädt zu den herrlichsten Spekulationen ein. Ist der Ort vielleicht das Paradies für alle Bierfans? Fließt dort der Gerstensaft in vollen Strömen – wie Milch und Honig im Schlaraffenland? Mit Fließen hat der Name in der Tat etwas zu tun, allerdings nichts mit Bier. Er leitet sich vom ursprünglichen „Bigera" ab, was „Ort am fließenden Wasser" bedeutet.

**Mit Fraßdorfern richtig
schick auszugehen, kann
gefährlich werden.**

**Es liegt was in der Luft,
ein ganz besonderer Duft:
Hundeluft.**

Trotz intensiver Recherchen war es nicht
möglich herauszufinden, ob die heute in
Fraßdorf lebenden Einwohner ihre Nah-
rung statistisch gesehen ungehobelter
einnehmen als der Rest des Landes. Fakt
ist, dass ihr Ortsname tatsächlich etwas
mit Essen zu tun hat, denn „Fraßdorf"
kommt von „fressen". Genauer: Der
althochdeutsche Name der Gemeinde
im Landkreis Anhalt-Bitterfeld hieß
„Frasz" – was mit „Schlemmer" oder
„Fresser" übersetzt werden kann. Offen
bleibt, ob es dabei um die Menge oder
die Manieren ging.

Der Name des heutigen Ortsteils
von Coswig kommt nicht etwa von
geruchsintensiven Hinterlassenschaften
geliebter Vierbeiner, wie sie vor allem
Großstädter plagen, sondern vom
Ausdruck „Hundelouft". Das bedeutet
„Hundeauslauf". Der Zusammenhang:
Im Mittelalter ließen die Herren einer
nahe gelegenen Burg ihre Hunde auf
einem Auslaufplatz herumtollen. Das
dabei so manche Stinkbombe zurück-
blieb, wird niemand ernsthaft bestreiten
– entscheidend für den Ortsnamen war
es definitiv nicht.

Polizei

In Fernsehkrimis sind Täter spätestens nach 90 Minuten geschnappt. In echt dauert's natürlich etwas länger – auch wenn die Polizei im Land auf Zack ist.

1 In Sachsen-Anhalt versehen rund 7.500 Polizisten und Polizistinnen ihren Dienst.

2 Ordnungshüter kümmerten sich um himmlische Ruhe.

Bei ihrer Arbeit sind die Ordnungshüter zunehmend blau – gekleidet. Bis zum Jahr 2012 bekommen sie alle neue Uniformen. Auch die „Kinderkommissare". Die kümmern sich aber nicht um böse Knirpse, sondern besuchen Schulen und Kindergärten, um dort die Kleinen zu unterrichten. Ihr offizielles Motto lautet: „1, 2 oder 3 Kinderkommissar – Ich bin dabei!"

Einer der ersten Polizisten im Gebiet des heutigen Sachsen-Anhalt wurde 1606 in Dessau eingestellt. Der Gesetzeshüter hatte einen verantwortungsvollen Job. Er musste aufpassen, dass keine Hunde und sonstiges Vieh in die Dessauer Kirche liefen, während dort Gottesdienste abgehalten wurden. Der Lohn für die Mühe: jährlich 6 Sack Roggen, 4 Taler und ein Paar Schuhe.

Die Steuerpolizei der Altmark griff im Mittelalter zu rabiaten Mitteln.

Mit dem sogenannten „Hellwagen" – von „behelligen" – rumpelten die Steuereintreiber von Ort zu Ort, um überfällige Abgaben einzutreiben. Wer sich weigerte zu zahlen, spürte schnell die Macht der Obrigkeit. Steuersündern wurde einfach die Haustür aus den Angeln gehoben und beschlagnahmt. Erst nach dem Begleichen der Schuld konnte sie im Rathaus abgeholt werden.

 Eine Landespolizei im heutigen Sinne entstand erst um 1800.

Zuvor besaß jeder Ort seine eigene Gemeindepolizei. Die Befehlsgewalt übten entweder der Gutsbesitzer oder der Bürgermeister aus. Der Aufgabenbereich war viel größer als heute. Zoll-, Gewerbe- und Gesundheitsaufsicht gehörten ebenso dazu wie der Aufbau von und die Kontrolle über Schulen und Krankenhäuser. Letzteres übernahm in Preußen die sogenannte „Wohlfahrtspolizei".

 In Aschersleben gewährt eine polizeihistorische Sammlung Einblicke.

Untergebracht in einem über 100 Jahre alten ehemaligen Gefängnis, präsentiert die Ausstellung vor allem kuriose und aufsehenerregende Objekte aus der Kriminalgeschichte des Landes. Ein als Sherlock Holmes verkleideter Polizeiexperte zeigt den Besuchern unter anderem alte Folterwerkzeuge, kriminalistische Untersuchungsgegenstände, Schlagstöcke und Uniformen.

 Biene und Quattro sind die ersten Graffitihunde.

Seit Anfang 2009 schnuppern die beiden Schäferhunde in Halle und Dessau nach illegalen Sprayern. Damit sind sie die deutschlandweit ersten für diesen Zweck ausgebildeten Polizeihunde. Ihr Spezialtraining erhielten sie an der Diensthundeschule in Pretzsch. An der traditionsreichen Einrichtung wurden übrigens auch alle vierbeinigen Volkspolizisten der DDR erzogen.

Religionen

In Sachsen-Anhalt begann der weltweite Siegeszug der Reformation. Heute glauben 80 Prozent der Einwohner an keinen Gott mehr.

Protestanten sind unter der Minderheit in der Mehrheit.

Die größte Religionsgemeinschaft des Landes bilden die rund 363.000 Protestanten – das entspricht einem Anteil von rund 15 Prozent der Bevölkerung. Es bestehen, wie kann es bei Protestanten auch anders sein, gleich fünf eigenständige Landeskirchen: die Evangelische Landeskirche Anhalt, die Evangelisch-Lutherische Landeskirche in Braunschweig, die Evangelische Kirche Berlin-Brandenburg-schlesische Oberlausitz, die Evangelisch-Lutherische Landeskirche Sachsen und die Evangelische Kirche in Mitteldeutschland. Bis Januar 2009 waren es sogar sechs. Zweitgrößte Gruppe sind die 92.500 Katholiken, zusammengefasst im Bistum Magdeburg. Im evangelischen Kernland leben sie in einer wahren Diaspora. Zudem gibt es rund 45.000 Gläubige anderer Religionen wie zum Beispiel Juden und Muslime.

2 Die berühmten Merseburger Zaubersprüche sind alt und geheimnisvoll.

Ein Fund wie dieser gelingt nicht alle Jahre: Als der Historiker Georg Waitz (1813–1886) 1841 in alten Akten der Domstiftsbibliothek Merseburg recherchierte, betrachtete er – wie viele andere Forscher zuvor – eine unscheinbare Handschrift. Doch anders als seine Kollegen riskierte Waitz mehr als nur einen flüchtigen Blick. Zum Glück: Was zunächst aussah wie eine typische mittelalterliche Handschrift, entpuppte sich bei näherem Hinsehen als das älteste schriftliche Zeugnis des heidnisch-germanischen Glaubens. Die mindestens 1.250 Jahre alte Aufzeichnung besteht aus zwei unabhängigen Sprüchen in

Versform. Der erste handelt von der Befreiung Gefangener durch Frauen, der zweite schildert die Heilung von Pferden. Ein Jahr nach der Entdeckung wurden sie erstmals vom Germanisten und „Märchenbruder" Jacob Grimm (1785–1863) publiziert. Seitdem sind sich Philologen uneins, was der ursprüngliche Sinn der „Merseburger Zaubersprüche" war. Der Begriff „Zaubersprüche" zeigt eine Deutungsmöglichkeit an. Demnach könnte es sich um rituelle Sprüche für Löse- und Heilvorhaben handeln. Eines ist jedenfalls erstaunlich: Der Inhalt des „Pferde"-Verses ähnelt verblüffend dem einer uralten indischen Geschichte, die in der Heiligen Schrift der Hindus steht. Das Geheimnis der Verbindung zwischen beiden Dichtungen ist bis heute unklar.

③ Prunkvolle Kirchen-schätze sind im Land keine Seltenheit.

Um 1520 war das sogenannte „Hallesche Heiltum" Europas größte und wertvollste Reliquiensammlung. Die Kollektion bestand aus 42 Heiligen-Mumien und über 8.100 Knochensplittern in wertvoll dekorierten Schreinen. Zusammengetragen wurde sie von Kardinal Albrecht von Brandenburg (1490–1545), dessen Lieblingsresidenz Halle war. Seine überbordende Sammelleidenschaft finanzierte der Gottesmann vor allem durch den Ablasshandel. Dagegen und gegen die Vergötterung

von angeblichen Überresten Heiliger wandte sich Martin Luther. Der Reformator verdammte die Sammlung öffentlich als „Abgott von Halle". Vom einstigen Prunk blieb nicht viel übrig. Im Zuge der Reformation verschwand das „Heiltum" fast komplett. Einige wenige Gegenstände fanden den Weg in katholische Kirchen, die meisten verbrannten. Arm an Kirchenschätzen ist Sachsen-Anhalt trotzdem nicht. Ganz im Gegenteil: Der Halberstädter Domschatz zählt weltweit zu den wertvollsten seiner Art. Als größte Kostbarkeiten gelten ein spätantikes Konsulardiptychon und eine prunkvolle Weihbrotschale aus Konstantinopel.

④ Der größte Religionskrieg der europäischen Geschichte verwüstete das Land.

Der Dreißigjährige Krieg von 1618 bis 1648 war eine grausame Auseinandersetzung zwischen katholischen und protestantischen Mächten. Besonders im Gebiet des heutigen Sachsen-Anhalt wüteten die Truppen gnadenlos. Hunderttausende Menschen starben, ganze Ortschaften wurden vernichtet. Am schlimmsten traf es die Protestanten-Hochburg Magdeburg. Am 10. Mai

1631 griffen Truppen unter dem Kommando des kaiserlichen Feldherren Tilly die stolze Handelsstadt an und zerstörten sie komplett. Zwischen 20.000 und 40.000 Magdeburger starben. Einer Volkszählung im Jahr nach der Schlacht zufolge lebten nur noch 468 Menschen in der Stadt – zuvor waren es bis zu 40.000 gewesen. In den deutschen Sprachschatz ging das barbarische Ereignis mit einer eigenen Wortschöpfung ein: dem zynischen Begriff „magdeburgisieren". Der bedeutet so viel wie „etwas dem Erdboden gleichmachen".

5 Eine reiche jüdische Tradition endete durch das Naziregime.

Halberstadt war neben Frankfurt am Main das Zentrum der jüdischen Orthodoxie in Deutschland. Aus der Halberstädter Gemeinde gingen berühmte Rabbiner und große Industrielle hervor. 1942 endete die Geschichte – durch den Wahn der Nationalsozialisten.

6 Die Lutherstadt Wittenberg durfte sich lange nicht „Lutherstadt" nennen.

Auf nichts sind die Wittenberger so stolz wie auf den Umstand, Wiege des Protestantismus zu sein. Am 31. Oktober 1517 verkündete Martin Luther in der Elbestadt seine 95 Thesen, die zum Auslöser für die Spaltung der christlichen Kirche in einen katholischen und einen evangelischen Zweig wurde. Luthers langjährigen Wohn- und Arbeitsort besuchen bis heute viele Gläubige aus aller Welt, um ihrem theologischen Idol nahezukommen. Mit dem wirksamen Schlagwort „Lutherstadt" wirbt die Gemeinde für sich und macht die Geschichte zur Goldgrube für die örtliche Tourismusbranche. Das „Rom der Reformierten" musste jedoch lange mit der Bürokratie kämpfen, um sich den schmückenden Beinamen geben zu dürfen. 1922 beschloss die Stadtverordnetenversammlung die Umbenennung. Der Bürgermeister ließ sogar neue Briefbögen drucken. Zu voreilig, wie sich bald herausstellte. Die Regierung in Merseburg verbot das Vorhaben kurzerhand. Als der Bürgermeister ankündigte, die Briefbögen trotzdem zu benutzen, drohten die Beamten mit Beugehaft. In den folgenden Jahren stellten die Wittenberger immer wieder Anträge – immer wieder wurden sie abgelehnt. Erst nach 16 Jahren Ausdauerbetteln klappte es. Exklusiv ist der Titel „Lutherstadt" heutzutage nicht mehr: Eisleben und die Stadt Mansfeld tragen ihn ebenfalls.

Revolutionen

Weil sie keine Biersteuer wollten, probten die Altmärker 1488 einen Aufstand – und verloren. Proteste und Revolutionen liegen den Sachsen-Anhaltern eben einfach im Blut.

 Thomas Müntzer war ein Pastor mit Durchschlagskraft.

Thomas Müntzer (um 1490–1525), einer der Anführer des Bauernkrieges, wurde in Stolberg im Harz geboren. Als zunächst begeisterter Anhänger Luthers wandte sich der Pastor früh der neuen Lehre zu. Nach und nach ergänzte er sie um eigene Aspekte. Für Müntzer, der sich zunehmend radikalisierte, war die Befreiung der Unterschichten aus ihrer Knechtschaft das wichtigste Ziel. Um das zu erreichen, gründete er 1524 in Allstedt den „Bund der Auserwählten". Vom Landesherren vertrieben, zog Müntzer durchs Land und setzte sich an die Spitze der Bauernaufstände. In Heldrungen, wenige Kilometer hinter der heutigen sachsen-anhaltischen Grenze gelegen, wurde er schließlich verhaftet und öffentlich hingerichtet. Aufgrund seiner egalitären Vorstellungen galt der Pastor in der DDR-Geschichtsschreibung als klassenkämpferisches Vorbild. Schulen, Straßen und Plätze wurden nach ihm benannt. Offensichtlichstes Zeichen der Verehrung war die Abbildung auf dem 5-Mark-Schein.

 Die Revolutionäre von 1848 waren Genussmenschen.

Die erste Revolution der deutschen Geschichte von 1848 wurde mit sehr viel Genuss vorbereitet – zumindest im Gebiet des heutigen Sachsen-Anhalt. So traf sich im Keller des Köthener Rathauses die sogenannte „Kellergesellschaft", um politische Probleme zu diskutieren, Aktionspläne zu schmieden und dabei jede Menge Alkohol zu vertilgen. Auch in Tangermünde verbanden die Revolutionäre das Angenehme mit dem Nützlichen. Sie versammelten sich in damals halblegalen Raucherkneipen. Dass sich in Etablissements dieser Art der Volkszorn schnell zusammenbrauen kann, wirkt für heutige Beobachter irgendwie vertraut.

 Anhalt-Dessaus Verfassung hatte das Zeug zum Exportschlager.

Im Verlauf der Revolution von 1848 gab sich das Herzogtum Anhalt-Dessau für kurze Zeit eine der modernsten und demokratischsten Verfassungen der Welt. Adel und Privilegien wurden abgeschafft, demokratische Wahlen und Volksabstimmungen eingeführt. Artikel 5 war eine echte Deutschland-Premiere. Dort stand: „Alle Gewalten gehen vom Volke aus." Doch die Freude über die errungenen Freiheiten dauerte nicht lange. Schnell kassierte die konservative Gegenrevolution alle demokratischen Rechte, indem sie die Verfassung außer Kraft setzte. Für diesen Rückschlag zeichnete vor allem das mächtige Nachbarland Preußen verantwortlich. In dessen Provinz Sachsen – damit war die Region um Magdeburg gemeint – gab es einen starken konservativen Kreis. Zum traurigsten Ereignis der Revolution kam es in Bernburg. Im März 1849 richteten Armeetruppen unter einer protestierenden Menschenmenge ein Blutbad an. 14 Menschen starben, weil sie für ihre Rechte aufbegehrten.

Ganz ohne Drama endete die lange Adelsherrschaft.

Als Folge der Novemberrevolution dankten 1918 in ganz Deutschland die Fürsten ab. Damit endete im heutigen Sachsen-Anhalt die Herrschaft eines der am längsten regierenden Adelsgeschlechter. Rund 1.000 Jahre verfügten die Askanier über Teile des Landes. Auch die anhaltinischen Fürsten, die es immerhin auf 800 Jahre Machtausübung brachten, wurden nicht mehr gebraucht. Ihr Abtritt war im Vergleich zur langen Tradition reichlich unspektakulär: Im Namen des noch minderjährigen Joachim Ernst von Anhalt (1901–1947) verzichtete sein Onkel auf den Thron. Das Fürstentum Anhalt wurde zum Freistaat Anhalt und erlebte damit den dritten Herrschaftswechsel in einem einzigen Jahr. Bereits im April und September waren Neubesetzungen an der Staatsspitze nötig gewesen, da die jeweiligen Herrscher gestorben waren.

 Der Anarchist Max Hoelz war im Mansfelder Land Held und Schreck zugleich.

Für die Weimarer Republik waren die frühen 1920er-Jahre keine leichte Zeit: Umsturzversuche durch rechtsextreme und monarchistische Gruppen, wie beispielsweise der Kapp-Putsch von 1920, testeten die Widerstandskraft der jungen Demokratie. Auch aus dem linksextremen Lager gab es Versuche, die neue Ordnung zu stürzen. Besonders im mitteldeutschen Industriegebiet kam es im März 1921 zu einem blutigen Arbeiteraufstand. Der Anarchist Max Hoelz und seine Anhänger griffen im Mansfelder Land Polizeistationen an, steckten Häuser in Brand, begingen Bankraube und Sprengstoffattentate. Sie drohten sogar per Plakat, Halle komplett niederzubrennen. Schon im Jahr zuvor hatte sich Hoelz einen Namen gemacht: Im Vogtland presste er Fabrikanten und Kaufleuten mit Terrordrohungen Lebensmittel und Geld ab, die er an Ärmere verteilte. Der „Rote Robin Hood", wie man Hoelz auch nannte, wurde kurz nach den Märzkämpfen 1921 verhaftet und für einen Mord, den er nicht begangen hatte, zu lebenslangem Zuchthaus verurteilt. Für seine Freilassung setzten sich später berühmte Intellektuelle und Künstler wie Thomas Mann, Albert Einstein, Kurt Tucholsky und Heinrich Zille ein. Im Rahmen einer Amnestie für politische Gafengene kam er 1928 frei und siedelte bald in die (stalinistische) Sowjetunion über. Unter nicht geklärten, aber wahrscheinlich gewaltsamen Umständen ertrank Hoelz dort 1933 in einem Fluss.

⑥ Der Aufstand vom Juni 1953 verlief in der Region besonders dramatisch.

In den Morgenstunden des 17. Juni 1953 begann erste große Volksaufstand in der Geschichte der DDR. Um gegen die Erhöhung von Arbeitsnormen und für mehr politische Freiheiten zu demonstrieren, traten in der gesamten Republik Bürger in den Streik und gingen auf die Straße. Im Bezirk Halle streikten 34 % der Arbeiter – nirgendwo sonst in der DDR erreichte der Aufstand eine solche Breitenwirkung. Insbesondere die Industrieregion Bitterfeld wurde zu einem Zentrum. Dort koordinierte sogar ein überregionales Streikkomitee die Aktionen von rund 30.000 Demonstraten. In einem Telegramm an die Regierung in Berlin forderten sie deren Rücktritt, freie Wahlen und die Auflösung der Streitkräfte. Dass es in Bitterfeld nicht zu Toten kam, ist dem damaligen VP-Kommandeur Nossek zu verdanken. Er fuhr persönlich in die Betriebe in Bitterfeld und Wolfen und ließ alle Waffen des Betriebsschutzes in Waffenkammern einschließen. Die mutige Tat hatte für

Nossek Folgen. Wegen „persönlicher Feigheit, verbunden mit direktem Paktieren mit den Provokateuren", wurde er „als Verräter" zum Unter-Wachtmeister degradiert und dann entlassen. Bei den Auseinandersetzungen vom 17. Juni und den späteren Verfolgungen kamen in den Bezirken Halle und Magdeburg mindestens 26 Menschen ums Leben. Unheimlich und bis heute nicht gänzlich geklärt ist die Hinrichtung einer angeblichen „Rädelsführerin" des Aufstandes in Halle. Am 1. Oktober 1953 wurde die Hallenserin Erna Dorn in Dresden mit dem Fallbeil getötet. In der SED-Propaganda war sie zuvor zur „KZ-Kommandeuse von Ravensbrück" stilisiert worden, die während des Aufstandes faschistische Hetzreden gehalten habe. Für beide Vorwürfe gab es keine Beweise – nur die selbstbelastenden Aussagen der Frau. Dass sie wirklich die „Rädelsführerin von Halle" war, ist schon deshalb unglaubwürdig, weil sie erst am Nachmittag während der Erstürmung des halleschen Zuchthauses „Roter Ochse" frei kam. Dort saß die offenbar geistig verwirrte Frau seit Monaten ein.

Salz

Manchmal fehlt das Salz in der Suppe, manchmal ist zu viel drin – zum Beispiel bei einem verliebten Koch. Das wertvolle Mineral bestimmt das Leben – besonders in Sachsen-Anhalt.

 Schon die Steinzeitmenschen wussten mit dem weißen Gold etwas anzufangen.

In Sachsen-Anhalt wird seit rund 7.500 Jahren Salz abgebaut. Bereits die Steinzeitmenschen siedeten es. Das belegen archäologische Funde. Mit Hilfe von gebrannten Tonzylindern wurde das begehrte Mineral über offenem Feuer aus dem Salzwasser, der Sole, herausgekocht. Im Mittelalter entwickelten sich die Gewinnung und die Vermarktung von Salz zum großen Geschäft. Bis zum 19. Jahrhundert. Dann löste industriell gefördertes Steinsalz das nur durch mühsames Sieden zu gewinnende Salz aus der Region ab. Wie wichtig und prägend der Salzabbau war, zeigen die Bezüge in geographischen Bezeichnungen. Namen wie Salzwedel, Salzmünde, Salzatal und Salzland sprechen für sich.

 Halles Name ist doppeltgemoppelt gesalzen.

Der Ortsname von Halle an der Saale hat gleich zwei Verbindungen zum Salz. Zum einen leitet sich Halle vom keltischen Wort „hal", das „Salz" bedeutet, ab. Zum anderen kommt „Saale" vom indogermanischen „sal", was ebenfalls Salz heißt. Halle an der Saale steht also übersetzt für „Salz am Salz" – wenn das mal nicht ein bisschen zu viel ist ...

 Halles Salzarbeiter dachten, sie seien etwas Besseres – und handelten so.

Drei Sorten Menschen leben angeblich in Halle: Hallenser, Halloren und Hallunken. Während Hallenser die gutbürgerlichen und Hallunken die zugezogenen Einwohner bezeichnen, sind Halloren die Mitglieder der Bruderschaft der Salzwirker und deren Familien. Die Salzarbeiter spielten als Berufsgruppe in der Geschichte der Stadt eine wichtige Rolle. Sie genossen wertvolle wirtschaftliche Privilegien und sonderten sich vom Rest der Einwohner ab. Sie trugen spezielle Trachten, sprachen einen besonderen Dialekt und heirateten nur untereinander. Die Kultur und das Handwerk der Halloren werden bis heute im Halloren- und Salinemuseum Halle bewahrt. Es befindet sich in der bis 1964 zur Gewinnung von Salz genutzten Saline der Stadt. Beim regelmäßigen Schausieden auf einer Anlage aus dem 19. Jahrhundert ist die schwere körperliche Arbeit unmittelbar zu erleben.

4 **Das Salz wurde über sogenannte Europäische Salzstraßen transportiert.**

Einige der wichtigsten führten durch Sachsen-Anhalt. Zwei sind besonders hervorzuheben: Die Strecken Magdeburg–Lüneburg und Halle–Prag. Das älteste bekannte schriftliche Zeugnis über Salzstraßen in Sachsen-Anhalt ist über 1.000 Jahre alt. Der islamische Händler, Gesandte und Gelehrte Ibrahim ibn Jacub beschrieb um das Jahr 973 in seinem Reisebericht den Verlauf des Weges zwischen Magdeburg und Prag. Von der böhmischen Metropole ging die Route weiter bis ans Mittelmeer.

5 **Tolle Erkenntnis: Planschen in Salzwasser macht gesund und hübsch.**

In Bad Salzelmen wurde 1802 das erste Soleheilbad Deutschlands gegründet – ausgestattet mit gerade einmal vier Badewannen. Dass es überhaupt dazu kam, ist nur der beharrlichen Initiative von Johann Wilhelm Tolberg (1762–1831) zu verdanken. Der Knappschaftsarzt der königlichen Saline bemerkte, dass viele Arbeiter und ihre Familien unter Rheuma, Gicht und Hautausschlägen litten. Ein Kuraufenthalt an der See, der damals für Adlige und Bürgerliche gerade in Mode kam, war für arme Leute nicht finanzierbar. Die Idee zur Lösung des Problems kam Tolberg zufällig: Er beobachtete, dass einige Einheimische Sole als Hausmittel gegen Ausschläge nutzten. Um der Wirkungsweise auf den Grund zu gehen, legte er heimlich ein kleines Solebecken an und experimentierte mit Freiwilligen. Schnell zeigte sich die heilende Wirkung des Salzwassers. Nach wenigen Wochen Behandlung verschwanden unangenehme Pickel und Geschwüre. Tolberg meldete seine Entdeckung nach Berlin und plädierte immer wieder für die Einrichtung eines Bades. Schließlich der Erfolg der Beharrlichkeit: Per königlichem Befehl wurde ein Badehaus errichtet. Das platzte schon bald aus allen Nähten. Die erstaunlichen Heilungsgeschichten hatten sich – nicht zuletzt durch zahlreiche Schriften Tolbergs – schnell und weit herumgesprochen. Sogar Kurgäste aus dem Ausland kamen nach Salzelmen.

6 In Schönebeck arbeitete einst das größte Gradierwerk der Welt.

Zwischen 1756 und 1765 wurde in der Stadt an der Elbe das über 1,8 Kilometer lange Bauwerk errichtet. Von der riesigen Anlage sind heute aber nur noch 350 Meter erhalten. Gradierwerke dienten einst dazu, den Salzgehalt des Solwassers zu konzentrieren. Das Prinzip ist relativ einfach: Aus der Erde gepumpt fließt das Salzwasser langsam durch ein Geflecht aus Reisig. Dabei verdunstet ein Teil des Wassers. Ergebnis: Im rest-

lichen Wasser ist der Salzgehalt sehr viel höher. Beim Sieden wird dadurch eine Menge Energie gespart. Da in der unmittelbaren Umgebung von Gradierwerken eine besonders hohe Salzkonzentration in der Atemluft vorherrscht, setzte sich eine weitere Nutzung durch. An den Atemwegen erkrankte Patienten gingen einfach vor die Gradieranlage und atmeten ganz tief ein. Das ist ungefähr genauso effektiv wie ein Ostseespaziergang und wurde insbesondere von den Gästen des benachbarten Solebads in Bad Salzelmen, das heute ein Ortsteil von Schönebeck ist, genutzt.

Schriftsteller

In Sachsen-Anhalt leben rund 200 hauptberufliche Schriftsteller und Schriftstellerinnen – in einem Land mit großer literarischer Tradition.

 Einige Orte des Landes sind Schauplätze der Weltliteratur.

So lässt beispielsweise Europas bekanntester Dramatiker William Shakespeare (1564–1616) seinen Hamlet in Wittenberg studieren. Besonders häufig kam der Harz zu literarischen Ehren. Johann Wolfgang von Goethe (1749–1832) verlegte den Schauplatz seines Dramas „Faust" teilweise auf den Hexentanzplatz in Thale und Heinrich Heine (1797–1856) schrieb mit „Die Harzreise" einen satirischen Reisebericht über die Mittelgebirgsregion.

 Einer der wichtigsten Schriftsteller der Romantik stammt aus Wiederstedt.

Friedrich von Hardenberg (1772–1801), genannt Novalis, gilt bis heute als romantisches Schriftstellergenie. Seinen Lebensunterhalt verdiente er aber nicht mit Büchern, sondern im Bergbau – als Ingenieur und Kaufmann. Der frühe Tod seiner Verlobten und sein eigenes Ableben mit nur 28 Jahren gaben Novalis´ Leben eine besonders tragische Note. Der Legende nach steckte er sich mit Tuberkulose an, als er Friedrich Schiller (1759–1805) pflegte.

In Molmerswende wurde ein Meister der Lügengeschichte geboren

Der Schriftsteller Gottfried August Bürger (1747–1794) wurde mit seinem „Baron Münchhausen" berühmt und unsterblich. Dabei ist der in Molmerswende – heute ein Stadtteil von Mansfeld – geborene Autor nur einer von vielen, der Lügenbaron-Geschichten schrieb. Bürgers wurden jedoch die populärsten. Ihn deswegen allein mit Kanonenkugel-Ritt und Selbst-aus-dem-Sumpf-Ziehen zu verbinden, täte ihm unrecht. Bürger verfasste auch hervorragende Poesie und beschäftigte sich mit philosophischen Problemen. Was kaum jemand weiß: Die Begriffe „querfeldein", „Adelsbrut" und „Lausejunge" wurden erst durch ihn in die deutsche Sprache aufgenommen. Sein Geburtshaus in Molmerswende ist mittlerweile ein Museum. Ehrlich!

Der spendabelste Dichter wirkte von Halberstadt aus.

Obwohl er selbst ein gefeierter Schriftsteller war, geht die Bedeutung Johann Wilhelm Ludwig Gleims (1719–1803) für das literarische Leben seiner Zeit weit darüber hinaus. Für Goethe, Schiller und Lessing galt er als Vorbild, noch wichtiger war aber, dass Gleim unzählige Dichter seiner Epoche unterstützte. Als Sekretär des Halberstädter Domstifts verfügte er über ein festes Einkommen und spendierte Talenten den Unterhalt, druckte ihre Bücher und machte sie bekannt. In die Wiege gelegt war Gleim die Großzügigkeit gewiss nicht – sein Vater arbeitete als Steuereintreiber. Einen kleinen Spleen hatte er allerdings: In seinem Haus schuf er einen „Freundschaftstempel". Darin versammelte Gleim rund 150 Gemälde von Freunden, die er stets um sich haben wollte.

⑤ Unverstanden und doch beliebt: Friedrich Gottlieb Klopstock.

Der Quedlinburger Friedrich Gottlieb Klopstock (1724–1803) gilt als Vater der deutschen Klassik und war ein Vorbild für Goethe, Schiller und Lessing. Mit seinen Gedichten führte er in die deutsche Literatur ein völlig neues Sprachgefühl ein. Der Vortrag seiner Werke sollte im Ton äußerster Erregung geschehen und Zuhörer durch ihren Klang erschüttern. Dafür verzichtete er auf Reime und suchte in Anlehnung an antike Vorbilder eine komplexe, abwechselnde Rhythmik. Das breite Publikum zeigte Klopstock eher die kalte Schulter. Lessing dichtete: „Wer wird nicht einen Klopstock loben? Doch wird ihn jeder lesen? Nein! Wir wollen weniger erhoben und fleißiger gelesen sein."

⑥ Von einem der auszog, um zurückzukehren: Friedrich Nietzsche.

Der Schriftsteller und Philosoph Friedrich Nietzsche (1844–1900) wurde in Röcken geboren, wuchs jedoch in Naumburg auf. Einen Namen machte sich der wortgewaltige, aus einem Pastorenhaushalt stammende Religionskritiker durch Werke wie „Also sprach Zarathustra" und „Zur Genealogie der Moral". Durch die Wahl eines aphoristischen Schreibstils werden seine Texte sehr unterschiedlich gedeutet. Nicht ganz unbeteiligt an der teilweise falschen Auslegung ist seine Schwester, die Teile seines Werkes verfälschte. Durch körperliche und geistige Leiden getrieben, führte Nietzsche ein rastloses Leben und reiste durch ganz Europa. Seine letzte Ruhe fand er in Röcken.

7 „Ja, mach nur einen Plan!
Sei nur ein großes Licht!
Und mach dann noch …

8 Das Dramatikergenie aus
dem Osten – Einar Schleef
aus Sangerhausen.

… nen zweiten Plan, geh'n tun sie
beide nicht!" Hätten sich die SED-
Kulturfunktionäre an die Weisheiten
ihres Idols Bertolt Brecht gehalten – der
umstrittene „Bitterfelder Weg" wäre
möglicherweise nie beschritten und der
DDR-Literaturszene eine repressive
Phase erspart geblieben. In den frühen
1960er-Jahren versuchte die Partei- und
Staatsführung der gesamten Kunst und
Kultur eine neue Richtung zu geben.
Unter dem Motto „Greif zur Feder,
Kumpel!" sollten Arbeiter zu Dichtern
werden. Doch die hatten meist keine
Lust darauf. In den „Zirkeln Schrei-
bender Arbeiter" werkelten vor allem
Schüler, Studenten, Rentner und die
Intelligenzja.

Als der Schriftsteller und Regisseur
Einar Schleef (1944–2001) verstarb,
schrieb die spätere Nobelpreisträgerin
Elfriede Jelinek im Nachruf: „Es hat nur
zwei Genies in Deutschland nach dem
Krieg gegeben, im Westen Fassbinder,
im Osten Schleef." In der Tat zählt
Schleef zu den wichtigsten Dramatikern
der jüngsten Vergangenheit. Er verfasste
Theaterstücke, Romane und Hörspiele
und war zudem ein gefragter Regisseur,
zum Beispiel am berühmten Berliner
Ensemble und dem Schauspiel Frank-
furt/Main. In den 1970er-Jahren verließ
er die DDR. Seiner Heimatstadt Sangerhausen blieb er im Werk verbunden.
„Gertrud", sein persönlichster Roman,
spielt dort.

Süße Dinge

Nichts gegen Dinkelklops und Grünkernpaste – aber so richtig glücklich macht nur Schokolade. Zum Beispiel aus Sachsen-Anhalt. Die Süßwarenindustrie produziert dort jährlich Leckereien im Wert von 140 Millionen Euro.

 Der europäische Adel war verrückt nach Baumkuchen aus Salzwedel.

Egal ob an den kaiserlichen, königlichen oder zaristischen Höfen von Berlin, Wien, London, Budapest und Sankt Petersburg – überall stand ab Mitte des 19. Jahrhunderts Baumkuchen aus Salzwedel auf dem Tisch. Zumindest dann, wenn die hohen Herrschaften mal richtig Geschmack beweisen und protzen wollten. Die kostbare und aufwendig zu backende Spezialität aus der Altmark fand ihren Weg in die europäischen Adelshäuser ab 1843. Damals besuchte Preußens König Friedrich Wilhelm IV.

(1795–1861) Salzwedel und bekam von der dort lebenden Bäckerin Luise Lentz seinen ersten Baumkuchen kredenzt. Wilhelm war angetan und hätte beinahe die gesamte Portion weggefuttert. Jedoch erinnerte er sich rechtzeitig an seine gute Kinderstube, ließ den Rest für seine Frau einpacken und nahm ihn mit nach Hause. Die Lentz fühlte sich geehrt und erkannte ihre Chance. Zu Weihnachten schickte sie dem Regenten per Eilboten erneut einen Baumkuchen. Majestät bedankte sich mit einem wertvollen Service aus Meißner Porzellan und regelmäßigen Bestellungen. Jetzt ließen sich auch andere Adlige nicht lumpen und bestellten fleißig.

Halle ist seit Langem eine Hochburg für Schokoladenfabrikation.

In Halle steht die älteste deutsche Schokofabrik. Sie wurde 1804 gegründet und produziert noch heute – unter anderem die beliebten Hallorenkugeln. In der gläsernen Fabrik befindet sich zudem ein Schokoladenmuseum, das ein richtig süßes Zimmer beherbergt. Der 27 Quadratmeter große Raum im Biedermeier-Stil besteht fast vollständig aus der braunen Masse. Auf einem Grundanstrich aus Vollmilchkuvertüre sind Kassetten-Ornamente aus Zartbitter-Schokolade angebracht. An der Decke klebt natürlich kein Gipsstuck, sondern Marzipan. Auch die Einrichtungsgegenstände, wie Vasen, Teller, Tassen, Löffel, Kamin, Bücher und eine Violine, sind theoretisch essbar. Insgesamt 1,5 Tonnen Schokolade wurden in dem Alptraum eines jeden Diätberaters verbaut. Aber keine Angst – nur gucken macht ja nicht dick. In Halle gibt es übrigens regelmäßig schokoladige Rekorde: So entstanden dort in den letzten Jahren die größte Katzenzunge und die größte Mozartkugel des bisher bekannten Universums.

③ Die Magdeburger Börde war lange Deutschlands größter Zuckerlieferant.

Auf Grund der guten Böden gedeihen Zuckerrüben hier besonders gut. 1875 gab es insgesamt 188 Zuckerfabriken. Ein absolut einträgliches Geschäft, denn Zucker war damals ein wertvolles Gut. Man stellte ihn noch zum Großteil aus teuer importiertem Rohrzucker her. Erst durch die Erfindung des Rübenzuckers wurde der Süßstoff für die breite Bevölkerung bezahlbar und für die Massenhersteller eine prächtige Einnahmequelle. Aber nicht nur für diese. Die gesamte Region profitierte, denn Zuckerrüben erwiesen sich als Katalysator für die Industrialisierung. Aus einfachem Grund: Die Raffinierung der Rüben benötigt jede Menge Energie – also wurde in der Region der Braunkohlebergbau forciert. Der wiederum brauchte starke Maschinen – ein Aufschwung der Maschinenbauindustrie war die Folge. Geradezu exemplarisch für den wirtschaftlichen Fortschritt der damaligen Zeit ist Klein Wanzleben. Die große Erfolgesgeschichte des Dorfes begann im Jahr 1838. Damals schlossen sich mehrere Bauern zusammen, um eine Zuckerfabrik zu errichten. Wenige Jahre später trafen die Wanzlebener eine folgenschwere Entscheidung: Sie spezialisierten sich auf die Rübenzucht. Immer neue, ertragreichere und resistentere Sorten entstanden auf den Äckern des Bördedorfes. Schon zur Jahrhundertwende war der Betrieb der größte seiner Art im damaligen Deutschen Reich. Über 2.000 Menschen arbeiteten im Unternehmen. Auch wenn die Zuckerindustrie heute nicht mehr so viele Arbeitsplätze bietet: In Klein Wanzleben hat sie deutlich sichtbare Spuren hinterlassen. Selbst im Ortswappen prangt eine Rübe.

 Zeitz ist die zweite wichtige Schoko-Stadt des Landes.

Hier werden noch heute viele DDR-Klassiker wie Bambina, Knusperflocken und Schlagersüßtafel produziert. Die Erfolgsgeschichte der Knusperflocken war für die Hersteller überraschend. Sie wurden zunächst nur entwickelt, um die Bruchabfälle aus der Knäckebrotherstellung in Burg sinnvoll zu verwenden. Die Schokoladenpralinen trafen aber so sehr den Geschmack der Leute, dass bald extra „Bruch" produziert werden musste.

 Not machte in der DDR erfinderisch: Schokolade ohne viel Kakao.

Wegen Devisenmangels war zu DDR-Zeiten nur sehr wenig Kakao in der Schokolade. Die Planwirtschaft schuf Abhilfe mit „Schobi" – das steht für „*Scho*koerbse aus *Bi*ttkau". Mit dem Erbsmehl verlängerte man einfach die Schokoladen-Grundmasse. Das diente zwar nicht dem Geschmack, war aber billig. Ein Gerücht, dass in der DDR weit verbreitet war, besagte, dass sogar Stierblut untergemischt wurde. Diese Behauptung ist jedoch purer Quatsch.

 In Gernrode tickte mal die größte Schokoladen-kuckucksuhr der Welt.

Im Juli 2006 wurde das 2,80 Meter große Meisterwerk durch Zusammenarbeit einer örtlichen Uhrenfabrik mit der Halloren Schokoladenfabrik vollendet. Es bestand aus 300 schokoladigen Einzelteilen und funktionierte tatsächlich. Der Kuckuck war aus Marzipan. Lange hatte der kalorienträchtige Zeitmesser keinen Bestand. Am Ende wurde er auseinander genommen, für einen guten Zweck versteigert und aufgegessen.

Universitäten

Für das Leben lernen sie – die Studentinnen und Studenten an den Hochschulen des Landes. Und das unter besonders guten Bedingungen.

 Sachsen-Anhalts Hochschullandschaft ist vielfältig.

Zwischen Altmark und Saale-Unstrut-Region gibt es zwei Universitäten und sieben Fachhochschulen. Insgesamt machen sich im Land rund 52.000 Studierende schlau. Die kleinsten Lehranstalten sind die Evangelische Hochschule für Kirchenmusik und die Theologische Hochschule Friedensau. Die Größe sagt jedoch nichts über die internationale Bedeutung aus. In Friedensau kommen die 200 Studierenden aus 20 Ländern.

 Die Universität Magdeburg ist eine der jüngsten Deutschlands.

Gegründet wurde die Otto-von-Guericke-Universität erst am 3. Oktober 1993 durch einen Zusammenschluss von drei bestehenden Magdeburger Hochschulen. Ihre Vorfahren sind die Technische Universität, die Pädagogische Hochschule und die Medizinische Akademie. Mit rund 13.000 Studierenden und einem breiten Lehrangebot in 62 Studiengängen zählt sie zu den am schnellsten wachsenden Unis in Deutschland.

In Wittenberg entstand die erste Universität des Landes.

Der sächsische Kurfürst Friedrich III. (1463–1525) wollte endlich auch das haben, womit sich viele andere Herrscher seiner Epoche schmücken konnten: eine richtige Universität. Am 18. Oktober 1502 veranlasste er die Gründung der „Leucorea". Bereits nach kurzer Zeit hatte sich seine Einrichtung einen formidablen Ruf verschafft und mehrte Friedrichs Ruhm. Er bekam sogar den Beinamen „der Weise". Ganz besonders die Berufungen von Philipp Melanchthon (1497–1560) und Martin Luther (1483–1546) zu Professoren erwiesen sich im Nachhinein als kluge Glücksgriffe. Unter ihnen galt die Wittenberger Uni als die beste Europas und spielte während der Reformation eine entscheidende Rolle. Ein anderer berühmter Wittenberger Dozent war Giordano Bruno (1548–1600). Er wurde als Ketzer in Rom hingerichtet. Lange lebte die Uni von ihrem tadellosen Ruf. Doch der nützte ihr 1813 nichts. Napoléon Bonaparte (1769–1821) ließ sie einfach schließen. Als dann infolge des Wiener Kongresses ein umfangreicher Gebietsaustausch stattfand – Wittenberg gehörte nun plötzlich zu Preußen –, war das Ende der ruhmreichen Leucorea beschlossen. Die kläglichen Reste wurden mit ihrem Pendant in Halle zwangsvereinigt. In die leeren Gebäude zogen natürlich Soldaten ein.

4 Hallesche Studenten sind richtige Kümmeltürken.

Das ist keine Beleidigung – so etwas käme gegenüber dem akademischen Nachwuchs natürlich nie infrage –, sondern historische Tatsache. Die Ursache für die Bezeichnung liegt im späten 18. Jahrhundert. Um 1790 wurde rund um die Saalestadt sehr viel Kümmel angebaut. Deshalb nannte der Volksmund die Gegend „Kümmeltürkei". Dementsprechend setze sich die Bezeichnung „Kümmeltürken" für Studierende der Uni Halle durch.

5 Sachsen-Anhalts Hochschulen werden neuerdings auch exportiert.

Zum Wintersemester 2005/2006 nahm in der jordanischen Hauptstadt Amman die German Jordanian University ihren Betrieb auf. Nach dem deutschen Modell der praxisorientierten Fachhochschulen sollen hier bis zu 5.000 Jugendliche studieren. Tatkräftige Unterstützung in Form von Lehrenden und Organisationsstrukturen kommt dabei von der Hochschule Magdeburg-Stendal. Sie bietet den Jordaniern auch ein Auslandssemester in Sachsen-Anhalt an.

Der erste schwarze Student Deutschlands studierte vor über 270 Jahren im Land.

Anton Wilhelm Amo (um 1703 – nach 1753) besuchte ab 1727 die Universitäten von Halle und Wittenberg. Seine Lebensgeschichte nahm einen traurigen Anfang. Als Kind wurde er aus Afrika verschleppt und als Sklave nach Europa gebracht. Durch glückliche Fügung zählte er bald zum „Eigentum" des Herzogs von Braunschweig und Lüneburg-Wolfenbüttel. Am Hof des aufgeklärten Herrschers wurde Amo eine humanistische Bildung zuteil. Amo, der neben Deutsch auch Französisch, Griechisch, Hebräisch, Holländisch und Latein sprach, konnte schließlich sogar durch Unterstützung des Herrschers studieren. In Halle belegte er sowohl Philosophie als auch Jura. Seinen Abschluss machte er mit einer Arbeit über die rechtliche Situation Schwarzer in Europa. Anschließend nahm Amo ein Studium in Wittenberg auf, wo er sich vor allem mit Philosophie beschäftigte. Hier wurde er ab 1736 auch der erste schwarze Professor. Trotz seiner glänzenden wissenschaftlichen Arbeit erfuhr der Gelehrte aus seiner akademischen Umgebung einen dumpfen Rassismus. Schließlich verließ Amo das Land und ging nach Afrika. In Erinnerung an ihren prominenten Alumnus vergibt die Universität Halle-Wittenberg seit 1995 den Anton-Wilhelm-Amo-Preis für Wissenschaftler aus dem Ausland.

Weinbau

Das Saale-Unstrut-Gebiet ist Weinkennern ein Begriff und Sektgenießern unersetzlich. Schon im Mittelalter zählte es zu den größten deutschen Rebengebieten. Auch heute ist die Tradition berauschend.

 Seit über 1.000 Jahren wird in der Region Weinbau betrieben.

 Im Mittelalter versuchten sich auch die Stendaler im Anbau von Wein.

Als einer der ältesten Nachweise gilt eine Urkunde von 998. Darin wurde eine Schenkung Kaiser Otto III. (980–1002) an das Benediktinerkloster Memleben schriftlich festgehalten. Neben sieben Ortschaften umfasste das Präsent des Herrschers an die frommen Brüder auch ausgedehnte Weinländereien, die explizit erwähnt werden. Den Mönchen war der Wein wichtig – nicht nur zum Vergnügen, sondern auch für Gottesdienste.

Unter Albrecht dem Bären (um 1100 – 1170) wanderte eine große Zahl Rheinländer in die Altmark ein. Sie brachten ihr Weinwissen und ein paar Rebstöcke mit. Ganz erfolglos waren sie mit ihrer Zucht nicht. Insbesondere für Stendal ist belegt, dass der gekelterte Rebensaft nach Pommern, Schweden und ins Baltikum exportiert wurde. Auch die Gardelegener versuchten sich um 1559 als Weinbauern.

3 Wein aus Sachsen-Anhalt ist nicht nur etwas für Liebhaber.

Auf derzeit 610 Hektar Anbaufläche gedeihen über 40 verschiedene, qualitativ hochwertige Rebsorten. 75 Prozent sind Weißweine. Hauptanbaugebiet ist die Saale-Unstrut-Region. Jährlich ernten die 581 Winzer für etwa 5 Millionen Liter Wein. Und den lassen sich immer mehr wissende Liebhaber munden.

4 Selbst im nördlichen Harzvorland wird erfolgreich Wein angebaut.

In Westerhausen bei Quedlinburg existiert seit 1995 ein 3,2 Hektar großes privates Weingut. Was sich für manchen wie ein Aprilscherz anhören mag, ist genau das Gegenteil: 2008 erhielt der Betrieb sogar im Feinschmeckerführer Gault Millau eine begehrte Auszeichnung. Das Gut, das von einem hauptberuflichen Winzer geführt wird, besitzt zwei Weinberge. Auf dem Westerhäuser Weinberg werden die Rebsorten Riesling, Spätburgunder, Dornfelder und Cabernet Mitos angebaut, auf dem Quedlinburger Müller-Thurgau, Traminer und Weißburgunder.

Aus Freyburg kommt Deutschlands beliebteste Sektmarke.

Pro Jahr gehen etwa 82 Millionen Flaschen „Rotkäppchen" über die Ladentheken der Republik – in Ost wie West. Damit ist die Marke eine der wenigen, die es nach der Wende auch in den alten Bundesländern zu etwas gebracht hat. Für die Freyburger keine große Sache, schließlich gab es Rotkäppchen nicht erst seit den Tagen der DDR. Bereits 1856 wurde das prickelnde Getränk für die besonderen Momente produziert. Am Anfang allerdings unter französisch klingenden Namen wie „Monopol", „Crémant Rosé", „Lemartin Frères" und „Sillery Grand Mousseux". Damit wollte man eine Nähe zum Champagner andeuten. Eher unfrei-

willig kam es 1894 zur Umbenennung. Damals setzte sich erstmals eine Art Markenrecht durch. Pech für die Freyburger: Es gab eine andere Firma, die sich schneller den Namen „Monopol" sicherte. Weil der „Unstrut-Champagner" schon immer eine rote Kappe trug, nannte man ihn daher „Rotkäppchen". Eine Markenlegende war geboren. Bei aller Begeisterung für das edle Produkt und die unglaubliche Erfolgsgeschichte nach der Wende (mittlerweile gehören die „West-Sekt"-Marken „Mumm", „Geldermann" und „MM" zum Unternehmen): Die Firma hat auch echte Schattenseiten in ihrer Historie. Grausamste Entgleisung: 1978 mischte man den eigenen Sekt mit Dessauer Bier, nannte dass Gesöff „Sektpils" und verkaufte es in Delikatläden für 3,75 Mark.

6 Weingeschichten im Super-Breitbild-Format gibt es in Großjena.

Das „Steinerne Bilderbuch" wurde 1722 auf einer Länge von 150 Metern in den Sandsteinfels gehauen und erzählt in zwölf Bildern Weingeschichten aus der Bibel. Mit diesen gewaltigen Ausmaßen ist das Kunstwerk das größte Bildrelief Europas. Auftraggeber war der Hofjuwelier des Herzogs Christan von Sachsen-Weißenfels (1682–1736). Der Geschäftsmann wollte sich – sagen wir es ganz offen – bei seinem Herrscher einschleimen. Der hochverschuldete Herzog sollte auch zukünftig lukrative Aufträge an ihn vergeben.

7 In Halberstadt steht das älteste Riesenweinfass der Welt.

Der Koloss, der im Keller des Jagdschlosses in den Spiegelsbergen zu besichtigen ist, wurde 1594 gebaut und fasst 144.000 Liter. Er ist 9,40 Meter lang und hat einen maximalen Innendurchmesser von 5,70 Meter. Einen echten Sinn hatte das Monstrum nie. Es entstand nur, weil sich im 16. Jahrhundert die Kurfürsten von der Pfalz und die sächsischen Kurfürsten einen erbitterten Wettstreit lieferten, wer im Besitz des größten Weinfasses sei. Heinrich Julius von Braunschweig-Lüneburg (1564 –1613), der erste protestantische Bischof des Stiftes Halberstadt und Auftraggeber des Riesen, gewann den Haben-Will-Wettbewerb deutlich.

Weltrekorde

Bei Wettkämpfen stehen Sportlerinnen und Sportler aus Sachsen-Anhalt oft auf dem Siegertreppchen. Aber nicht nur dort. Im Land leben auch Rekordhalter in ziemlich ausgefallenen Disziplinen.

 Der Weltmeister im Dauertelefonieren kommt aus Magdeburg.

Von wegen „Fasse Dich kurz!" und „Männer telefonieren nicht gerne": Der Magdeburger Patrick Wohlang (selbstgewähltes Motto: „Ich rede alles und jeden in Grund und Boden") plauderte 44 Stunden und 43 Minuten in einen Telefonhörer und schlug dabei seine ärgste Vor-Ort-Konkurrentin Peggy Sternberg (Motto: „Telefonieren fetzt!") um genau eine Minute. Damit sicherte sich Wohlang im November 2008 in seiner Heimatstadt den Weltrekord im Dauertelefonieren und überbot souverän den zuvor existierenden 42-Stunden-Rekord eines Engländers. Die Regeln des Wettkampfes waren hart. Mindestens alle 5 Sekunden mussten die Kandidaten ein Wort sagen. Pro Stunde stand ihnen nur eine fünfminütige Pause zu. Die Siegprämie für die tapfere Quasselstrippe war dem Kampf angemessen. Wohlang bekam ein neues Mobiltelefon und durfte sich über zwei Jahre „Superflatrate" freuen.

In Halberstadt findet genau jetzt das längste Konzert der Welt statt.

Seit dem 5. September 2001 wird in der Halberstädter Burchardikirche ein Orgelkonzert aufgeführt. Das Werk des amerikanischen Komponisten John Cage trägt den Titel „ORGANf/ASLSP". ASLSP ist die Abkürzung für die Tempovorschrift „as slow as possible" („so langsam wie möglich"). Sehr viel langsamer als in Halberstadt kann das Orgelwerk kaum aufgeführt werden:

Besucher hören meist nur einen einzigen Ton. Ein Wechsel findet teilweise erst nach drei Jahren statt, wird dann aber entsprechend zelebriert. Halberstadt wurde bewusst als Ort dieses Kunstexperiments gewählt. 1361 baute man in der Stadt die erste Großorgel der Welt mit einer 12tönigen Klaviatur. Dieses Tastaturschema setzte sich später durch und gilt heute als Anfang der modernen Musik. Hektische Reisepläne Richtung Halberstadt muss niemand machen. Geplanter Schluss der Veranstaltung ist der 4. September 2640.

Im Landschulheim Grovesmühle lernten Schüler weltmeisterliches Küssen.

Im Jahr 2002 holten sich die Internatsschüler den Weltmeistertitel in der Disziplin „Karten-Kuss-Staffette". Dabei werden Spielkarten mit dem Mund angesogen und an den Nachbarn, der ebenfalls kräftig saugt, weitergegeben. Monatelang paukten die Schüler physikalische Grundlagen und trainierten die Praxis. Dann schafften sie in 2 Minuten 69 Übergaben.

Die größte essbare Briefmarke der Welt ist „Made in Halle".

Die größte Nudelbriefmarke der Welt wurde in Halle fabriziert. Das nahrhafte, aber unpraktische Postwertzeichen misst 7 Meter mal 4,5 Meter und besteht aus 25 Nudelsorten. Geschaffen wurde es aus Anlass des 1.200-jährigen Stadtjubiläums. Weil sich wahrscheinlich kein passender Briefumschlag fand, hängt die Marke heute an der Wand eines halleschen Einkaufszentrums.

5 **Die Einwohner von Gernrode sind die Rekord-Verrückten des Landes.**

In keiner anderen Gemeinde Sachsen-Anhalts wurden und werden so viele außergewöhnliche Rekorde verwirklicht wie in der kleinen Stadt im Harz. Seit 1999 steht dort beispielsweise das größte Wetterhäuschen der Welt. Es ist 9,80 Meter hoch und 5,20 Meter breit. Falls den Wetter-Figuren langweilig werden sollte und sie eine kurze Pause bräuchten, wäre das überhaupt kein Problem – dann kümmerte sich einfach das größte Holzthermometer der Welt ums Wetter. 7,45 Meter hoch und aus einen Stück Holz gefertigt ist es im Ort nicht zu übersehen. Genauso wenig wie die größte Kuckucksuhr außerhalb des Schwarzwaldes. Sie ist in ein echtes Haus eingebaut und hat eine Höhe von 14,5 Metern. Dass sich die Gernröder nur mit einem „außerhalb des Schwarzwaldes"-Rekord trösten müssen, ist einer bösen Fehlinformation zu verdanken. Als die Harzer im Guinessbuch lasen, dass die damals größte Kuckucksuhr der Welt in Triberg/Schwarzwald 14 Meter messen würde, packte sie der Ehrgeiz und sie bauten ihre 50 Zentimeter höher. Die Schwarzwälder legten noch einmal den Zollstock an ihre Kuckucksuhr an und stellten fest: „Ups! Sie ist ja 15,3 Meter! Und damit 80 Zentimeter höher als das Gernröder Exemplar."

6 In Zeitz legten sich Sportler lange auf die Matte.

205 Ju-Jutsu-Kampfsportler aus der alten Residenzstadt halten den Weltrekord im Dauertraining. Im Dezember 2007 legten sie sich 24 Stunden lang gegenseitig auf die Matte. In der Summe kamen so 810 Trainingsstunden zusammen. Neben tatkräftiger Unterstützung von Sportsfreunden aus Groitzsch und Naumburg waren für den Weltrekord 45 Kilogramm Obst, mehrere hundert Bockwürste und 500 Liter Getränke notwendig.

7 In Stecklenberg brennt es zu Ostern rekordverdächtig.

Unter dem Jubel tausender Zuschauer brennt in Stecklenberg jedes Jahr ein riesiges Osterfeuer ab. Bereits zweimal schaffte die kleine Harzgemeinde mit ihrem lodernden Fanal einen Eintrag ins Buch der Rekorde. Traditionell dienen die Feuer dazu, die bösen Wintergeister zu vertreiben. Bei einer Gesamthöhe von 34 Metern dürften die Geister in Stecklenberg ziemlich fix weg sein. Das war zumindest die im Jahr 2000 notariell festgestellte Höhe des mit viel schwerer Technik aufgerichteten Scheiterhaufens.

8 In Sangerhausen blüht und duftet es auf weltweit einzigartige Weise.

Das Europa-Rosarium in Sangerhausen ist die weltweit größte Rosensammlung. Mehr als 8.300 Kultur- und Wildrosenarten blühen und duften dort – zusammen bringen sie es auf über eine Million Blüten. Die Ursprünge der imposanten Anlage gehen auf eine private Sammlung des Amateurzüchters Albert Hoffmann zurück. Er pflegte in seinem Garten rund 1.100 Arten und stiftete sie als Grundstock für einen Schaugarten des „Vereins Deutscher Rosenfreunde". Der wurde 1903 in Sangerhausen eröffnet.

Zoos

Affen und Pinguine sind in jedem Zoo die großen Renner. In Sachsen-Anhalts Tiergärten gibt es aber natürlich noch eine Menge mehr zu sehen.

 An Zoologischen Gärten herrscht absolut kein Mangel.

In Sachsen-Anhalt gibt es 37 Zoologische Gärten und Tierparks. Sie ziehen jedes Jahr rund 1,5 Millionen Besucher an. Den größte Ansturm erleben der Magdeburger Zoo und der Zoo Halle. Aber auch die kleinen Heimattiergärten erfreuen sich großer Beliebtheit.

 Im kleinsten Zoo des Landes geht es durchaus nobel zu.

Klein, aber oho: Der Tierpark Wittenberg engagiert sich stark für die Nerz-Zucht – jedoch nicht, um daraus geschmäcklerische Damenmäntel zu machen. Das Ziel der Wittenberger: Sie wollen die fast ausgestorbene Marderart wieder in der Wildnis ansiedeln.

Magdeburger legten sich für ihren Tiergarten mächtig ins Zeug.

Der Magdeburger Zoo entstand in den 1950er-Jahren nur durch das starke Engagement der Einwohner. Viele Elbestädter leisteten freiwillige Arbeitseinsätze („Subotnik"), um in ihrem Heimatort einen schönen Tierpark zu errichten.

 Die Hallenser erfreuen sich am längsten am tierischen Vergnügen.

Der Zoo der Saalestadt ist der älteste im Land. Im Mai 1901 eröffnet, gilt er als einer der schönsten Bergzoos Deutschlands. Die wertvollen historischen Bergtiergehege stammen sogar noch aus der Anfangszeit.

 Von wegen „Nachts im Museum" – „Nachts im Zoo" ist spannender!

Der Tierpark Memleben bietet seinen Besucher Einmaliges. In restaurierten Wohnwagen des DDR-Staatszirkus kann jedermann, jederfrau und jederkind mitten im Zoo übernachten. Ob der Schlaf erholsam ist, liegt allerdings ganz an der tierischen Nachbarschaft.

 In Halle sind jede Menge tote Tiere versammelt – für wissenschaftliche Zwecke.

Die Universität Halle besitzt die älteste und größte Zoologische Sammlung des Landes. In 240 Jahren wurden 2,5 Millionen Präparate zusammengetragen. Darunter sind einige ausgestorbene Tierarten, wie der Beutelwolf. Besondere Highlights stellen Exponate dar, die hallesche Wissenschaftler von Expeditionen nach China, Kuba und der Mongolei mitbrachten.

 Der Tierpark Petersberg war früher eine ganz heiße Sache.

Der Heimattiergarten bei Halle liegt nämlich an einem Vulkan. Der Lavaspeier ist allerdings schon lange erloschen und bietet deshalb den dort versammelten 350 Tieren ein sicheres Zuhause. Na gut: für einige sicher, für Futtertiere weniger.

„Heimatkunde – Alles über Sachsen-Anhalt" basiert auf der gleichnamigen TV-Reihe im MDR Magazin „SACHSEN-ANHALT HEUTE".

Die Fernsehreihe ist eine Produktion von Hypolux Film im Auftrag des MDR-Landesfunkhauses Sachsen-Anhalt.
Idee, Buch: Heiko Kreft; Grafiken: Jens-Uwe Grau, Luis F. Masallera; Redaktion (MDR): Christian Buch;
Dank an: Robert Wiesner, Peggy Andes, Hagen Schulz-Zachow, Wolf-Dietrich Balzereit (MDR)

www.sachsen-anhalt-heute.de
www.hypolux.de – www.retroscope.com

Die verwendeten statistischen Daten entsprechen dem aktuellen Stand bei Redaktionsschluss im Februar 2010.

Die Deutsche Nationalbibliothek verzeichnet diese Publikation in der Deutschen Nationalbibliographie; detaillierte bibliographische Daten sind im Internet über http://dnb.dbb.de abrufbar.

© Hinstorff Verlag GmbH, Rostock 2010
www.hinstorff.de

© 2010 MITTELDEUTSCHER RUNDFUNK (MDR),
Lizenz durch TELEPOOL GmbH – Alle Rechte vorbehalten –

2. Auflage 2011

Herstellung
Hinstorff Verlag GmbH

Text
Heiko Kreft

Layout & Grafik
Jens-Uwe Grau

Lektorat
Thomas Gallien

Druck & Bindung
Neumann & Nürnberger, Leipzig
Printed in Germany

ISBN 978-3-356-01365-8